实战营销

教育部中等职业教育专业技能课立项教材

中等职业教育
实战型
规划教材

新媒体营销

主　编　潘巧兰
副主编　郑洛宜　杨　丽

在线答疑　　习题资源　　PPT课件

中国人民大学出版社
·北京·

图书在版编目（CIP）数据

新媒体营销/潘巧兰主编．—北京：中国人民大学出版社，2019.4
教育部中等职业教育专业技能课立项教材
ISBN 978-7-300-26820-0

Ⅰ.①新… Ⅱ.①潘… Ⅲ.①网络营销-中等专业学校-教材 Ⅳ.①F713.365.2

中国版本图书馆 CIP 数据核字（2019）第 045527 号

教育部中等职业教育专业技能课立项教材

新媒体营销

主　编　潘巧兰

副主编　郑洛宜　杨　丽

Xinmeiti Yingxiao

出版发行	中国人民大学出版社		
社　　址	北京中关村大街 31 号	**邮政编码**	100080
电　　话	010－62511242（总编室）		010－62511770（质管部）
	010－82501766（邮购部）		010－62514148（门市部）
	010－62515195（发行公司）		010－62515275（盗版举报）
网　　址	http://www.crup.com.cn		
经　　销	新华书店		
印　　刷	运河（唐山）印务有限公司		
规　　格	185mm×260mm　16 开本	**版　　次**	2019 年 4 月第 1 版
印　　张	11.25	**印　　次**	2023 年 1 月第 5 次印刷
字　　数	230 000	**定　　价**	29.00 元

前言

随着互联网的普及与手机应用的迅猛发展，在“互联网+”的时代背景下，利用新媒体来宣传观点、推广品牌、销售产品已经成为企业的必备能力。无论是电商企业还是传统企业，对新媒体营销人才的需求量都越来越大，尤其是有一定理论知识基础和实际操作能力的新媒体营销人才。

本书吸纳了新媒体营销前沿理论成果，遵循理论够用原则，从企业营销的视角对新媒体营销进行较为系统的介绍，在内容编排上采用“任务驱动，项目导向”的模式，强调实践应用。本书内容以新媒体营销工作为主线，结合新媒体营销工作岗位的需要，采用“情境创设—探讨—学习目标—做中学—知识链接—拓展学习—实训演练”的任务结构，融合了新媒体营销理论、职业能力和职业技能实训，内容充实，通俗易懂，体现了理论联系实际的教学理念，具有很强的操作性。本书适合作为中职学校“新媒体营销”课程的教材使用，不仅能很好地激发学生的学习兴趣，还有利于学生对知识和技能的掌握。

全书下设 6 个项目共 18 个任务，50 个课时。课时分配如下：

序号	项目	任务		课时	
1	新媒体营销概述	任务一	认识现代新媒体的发展	2	4
		任务二	树立新媒体营销意识	2	
2	网络新媒体营销	任务一	网站营销	4	14
		任务二	电子邮件营销	2	
		任务三	搜索引擎营销	4	
		任务四	网络视频营销	4	
3	社会化媒体营销	任务一	论坛营销	4	16
		任务二	微博营销	4	
		任务三	微信营销	4	
		任务四	SNS 营销	2	
		任务五	IM 营销	2	

续前表

序号	项目	任务		课时	
4	手机新媒体营销	任务一	App 营销	2	6
		任务二	手机二维码营销	4	
5	数字电视新媒体营销	任务一	数字电视新媒体概述	2	4
		任务二	数字电视广告	2	
6	户外新媒体营销	任务一	户外 LED 媒体营销	2	6
		任务二	楼宇新媒体营销	2	
		任务三	移动车载新媒体营销	2	

本书由浙江省浦江县职业技术学校潘巧兰担任主编，郑洛宜和杨丽担任副主编。本书编写分工如下：潘巧兰编写项目一，徐泽美编写项目二任务一，黄欢娣编写项目二任务三，吴晓韵编写项目二任务四，王闪编写项目三任务四、五，徐聪颖编写项目四任务一，冯晓雅编写项目四任务二，杨丽编写项目五，周楠（浦江县职业技术学校）编写项目六任务三，吕红梅（缙云职业中专）编写项目二任务二，郑钰萍（余姚第四职业技术学校）编写项目三任务一，赵菲菲（义乌市城镇职业技术学校）编写项目三任务二，章知非（丽水市职业高级中学）编写项目三任务三，凌云（广东省中山市中等专业学校）编写项目六任务一，王贤君（浙江省东阳市职业教育中心学校）编写项目六任务二。最后由潘巧兰和郑洛宜负责统稿。黄琪琪（汕尾市城区职业技术学校）等负责编制教学资源。

在本书编写过程中，编者结合多年从事教学的实践经验，参阅、借鉴并引用了大量国内外新媒体营销与电子商务等方面的资料和研究成果，浏览了许多相关专业网站和企业网站，在此对相关作者一并表示感谢！由于查找与联系不便，有些未载明出处，请原作者及时与我们联系，以便改正。

由于编者水平所限，书中难免存在疏漏和不足之处，敬请专家和同人批评指正。

编　者

2019 年 3 月

目 录

项目一

新媒体营销概述

情境创设

张丹、李想是某中职学校市场营销专业毕业生，王翔是某中职学校计算机专业毕业生。张丹性格活泼、外向，具有很强的公关能力，在校期间担任学校的学生会主席；李想很有商业头脑，在校期间面向师生做些小买卖，盈利已经基本能够维持他的日常开销；王翔计算机操作能力强，精通网络，在校期间，他的平面设计作品获得过省赛一等奖。三人中职毕业后，想充分利用所学知识，为家乡的农副产品开辟网络销售空间。他们发现，很多农副产品以互联网技术为依托，利用 B2C 平台进行线上销售，最终创造了知名的电商品牌，例如三只松鼠等。这给他们三人带来了启发。他们决定向这些农副产品品牌学习，充分利用互联网技术，结合所学的营销理论，打造一个优秀的互联网农副产品品牌。

探讨

三人经过激烈讨论，提出了如下问题：如何将所学的营销理论知识与互联网技术结合起来开展营销活动呢？张丹提出："在电子商务蓬勃发展的今天，营销要结合新媒体，要了解新媒体、掌握新媒体营销的理论和载体。"她的观点得到了李想和王翔的一致赞同。王翔补充道："我们还要了解下新媒体营销可以借助哪些新的软硬件工具。"三人打算用一周时间去认识新媒体营销。

学习目标

通过学习本项目，你应该能够：

（1）理解新媒体的含义；
（2）了解新媒体的特征；
（3）了解新媒体的发展趋势；
（4）树立新媒体营销的意识；
（5）掌握新媒体营销的特点；
（6）掌握新媒体营销的载体；
（7）熟悉新媒体营销的工具。

任务一 认识现代新媒体的发展

做中学

表1-1所示的选项中哪些是新媒体？在你认为是新媒体的选项后打钩。

表1-1 选择是新媒体的选项

选项	打钩	选项	打钩
门户网站		手机短信	
电子邮件		专业论坛	
广播		手机杀毒软件	
微博		个人微信朋友圈	
微信公众号		手机新闻客户端	
电视		报纸	
个人博客		杂志	

结合知识链接的相关内容，理解新媒体的含义。

知识链接

一、新媒体的内涵

“媒体”一词是拉丁语medius的音译，也常被翻译为媒介。广义的媒体泛指人们传递信息与获取信息所借助的工具、渠道、载体、中介物或技术手段。狭义的媒体，则指的是传统的四大媒体，包括电视、广播、报纸和杂志，它们是人类社会产生的早期媒体形式。

新媒体是相对于传统媒体而言的，是继报纸、广播、电视等传统媒体后发展起来的新的媒体形式，是利用数字技术、网络技术，通过互联网、宽带局域网、无线通信网、卫星等渠道，以及计算机、手机、数字电视机等终端，向用户提供信息和娱乐服务的传播形态。严格地说，新媒体应该称为数字化新媒体。

“新媒体”的概念是动态的、相对的：相对于图书，报纸是新媒体；相对于广播，电视是新媒体；相对于电视，网络是新媒体。而随着科学技术的发展，媒体形态也在发生变化。近年来被称为“新媒体”的则是随着移动互联网技术的发展而兴起的媒体渠道。如：

社交类手机应用，如 QQ、微信、微博等。

新闻资讯类应用，如今日头条、网易新闻、腾讯新闻等。

视频娱乐类应用，如优酷、bilibili、爱奇艺等。

围绕着“吃、喝、住、行、玩”等垂直类 App，如团购、美食、旅行、天气、导航、电影娱乐等 App。

二、新媒体的特征

（一）原创性

新媒体之所以新，在于它具备基本的原创性。新媒体的内容，很多都是个体及时分享的所见、所闻、所想，有文字、照片、视频等多种形式，具有极强的原创性。当今社会各种山寨大行其道，对于原创的渴望和诉求也是新媒体快速发展的重要基石。

（二）个性化及多样性

创作源自每个参与的个体，而个体都有不同的成长环境、文化环境、语言环境及工作环境，所以新媒体的内容表现出个性化、多元化，表现手法也异常丰富多彩。同时，新媒体也对除了文字以外的各种载体有很强的黏附性，比如 GIF 动画、视频、音频等都成为重要的表现形式。人们要学习一项技能，可以搜索视频版的、文字版的、音频版的教学内容，不同的人有不同的学习方式，人们可以选择一个感兴趣的方式去深入学习。

（三）碎片化

新媒体迎合了人们休闲娱乐时间碎片化的需求。由于工作与生活节奏的加快，人们的休闲时间呈现出碎片化倾向，例如乘坐地铁、公交车的碎片化时间不适宜阅读动辄几千字、上万字的媒体作品。新媒体正是迎合这种需求而生的。

（四）互动性及广泛参与

新媒体一个重要的特征就是互动和广泛参与。对于报纸、广播等传统媒体而言，受众只是被动地接受各种信息，不管讨厌或者喜欢，都没有表达对信息看法的平台。新媒体则有很好的互动性，受众可以对感兴趣的人和事，以及朋友的动态、言论及时发表自己的看法，同时可能得到其他个体的积极回应，例如有的热门微博转发量和评论数都会破万。由于这种互动与广泛参与让原来的受众成为新媒体内容的生产者，推动了新媒体的快速发展。

（五）实时性

在互联网还未兴起的时候，传统媒体发布信息的时段往往是固定的，这就导致用户对信息的关注带有阶段性特征。而新媒体除了可以像传统媒体那样在特定的时间发布信息外，还可以全天候紧跟时事热点，并对用户的需求和反馈实时响应，实现“第一时间、第一现场”的诉求。

【案例 1－1】

海底捞

前些年，互联网上出现了许多赞扬海底捞优质服务的段子，如服务员送贺卡、送鲜花、送房子、送汽车等。这些段子通过微博、微信等社交媒体传播逐渐成为“海底捞体”。“人类已经无法阻止海底捞”这句话像病毒一样在网络上迅速扩散，逐渐成为风潮。一些微博上的大 V 用户对海底捞服务进行体验，主动转发传播，一条信息能在几天之内引发几百万人浏览，众多网友在原有信息的基础上进行二次加工并主动传播，产生二次甚至三次传播，从而引发海底捞在新媒体上的传播热潮。海底捞则一方面通过微博进行营销，另一方面利用微博收集用户的负面评价，然后分析并予以解决。

案例思考：

海底捞的案例体现了新媒体的哪些特征？

三、新媒体的发展趋势

以信息技术为基础的移动互联网模式下的新媒体以锐不可当之势给传媒业带来巨大的变革，对传统媒体产生的影响也越来越深刻。有的影响是由技术变革产生的，有的影响是由社会文化变化造成的，当然，技术的变革也可以反过来加速社会文化的演化。

（一）形式上从视频化到直播化

在线视频服务的形式从早期的电视节目在线收看，发展到原创视频发布，再到目前流行的网络直播。这种自下而上的互动社交方式，帮助普通人实现了话语权的更大解放，也极大地改变了人们尤其是年轻人的媒体消费习惯。

【案例 1－2】

根据中国互联网络信息中心（CNNIC）第 42 次《中国互联网络发展状况统计报告》，截至 2018 年 6 月，我国网络直播用户规模达到 4.25 亿人，较 2017 年年末微增 294 万人，用户使用率为 53.0％。

（二）内容上从移动社交到移动新闻

移动互联网的出现带来了信息传授方式的颠覆性变革。如今，不仅信息接收者可以随时随地获取信息，信息发布者也已实现随时随地上传信息（这里的信息是集合了文字、图像、视频、音频的多媒体信息），整个社会已经进入移动传播时代。从初期的移动化社交，发展到移动阅读、移动视频、移动音频，再到移动化新闻资讯，移动媒体技术已经完成从即时通信工具向新闻发布平台的身份转变，成为人们获取新闻信息的重要来源，并且移动媒体用户所占比例还在持续增加。

【案例 1－3】

根据 CNNIC 第 42 次《中国互联网络发展状况统计报告》，截至 2018 年 6 月，我国网络新闻用户规模为 6.63 亿人，半年增长率为 2.5％，网民使用比例为 82.7％。其中，手机网络新闻用户规模达到 6.31 亿人，占手机网民的 80.1％，半年增长率为 1.9％。

（三）用户上从年轻化到全年龄段

随着移动设备成为人们日常获取新闻的主要手段，中老年人也开始加入这股新媒体使用的浪潮之中。以往数据都在反复证明年轻群体在新兴媒体普及过程中的主力作用，近年来的数据却向我们揭示出老年群体使用新媒体的强烈意愿与行为。

【案例 1－4】

根据 CNNIC 第 42 次《中国互联网络发展状况统计报告》，截至 2018 年 6 月，10～39 岁群体占总体网民的 70.8％。其中 20～29 岁年龄段的网民占比最高，达 27.9％；10～19 岁、30～39 岁群体占比分别为 18.2％、24.7％，与 2017 年年末基本保持一致。30～49 岁中年网民群体占比由2017年年末的36.7%扩大至39.9%，50～59岁、60岁及以上群体占比分别为5.4%、5.1%。

（四）技术上从智能化到反思智能化

人工智能、VR/AR、物联网等新技术的爆发式发展与媒体信息的爆炸式增长相结合，“智媒”应运而生，机器写作、个性化推送、传感器新闻等都成为“智媒时代”的重要产物。智能机器人参与新闻生产在国外已屡见不鲜，国内媒体也推出了多款机器人新闻写作、机器人新闻直播产品。这些功能独特的智能机器人可参与写作、播报、分发等多种工作，功能更加个性化、人性化、实用化，吸引了大量的目光。但是人工智能技术可能诱发的某些问题，如隐私问题等，则需要媒体人进行思考。

（五）服务上从个性化到多渠道

个性化信息服务的兴起，也是“智媒时代”的重要标志之一。在年青一代的用户群体中，越来越多的人开始基于个人兴趣进行信息内容的消费。基于此，一些个性化新闻App的人均使用时长逐年攀升。

【案例1-5】

根据企鹅智库《2018新媒体趋势报告》，在中国互联网资讯消费者中，平均每天人均用于资讯的消费时间（所有渠道）达到76.8分钟。其中73.7%的用户每天会拿出30分钟以上的时间用来看资讯。

个性化的信息推送虽然能够帮助用户在纷繁复杂的多元化信息中快速取舍信息，但是难免会有为迎合目标用户口味而改变原内容、增加倾向性的信息异化甚至失真的行为，最终消耗用户对媒体的信任。因此，越来越多的人选择通过多种媒体渠道获取新闻信息，自己了解事件的真实原貌。

讨论交流：

我们应如何把握新媒体的发展趋势呢？

拓展学习

- 登录百度（www.baidu.com），输入关键词进行搜索，填写表1-2。

表 1-2 **搜索关键词**

媒体	传统媒体	第一媒体	报纸、杂志
		第二媒体	
		第三媒体	
		第四媒体	
	新媒体	第五媒体	
		第六媒体	

● 小组讨论：新媒体较之传统媒体体现出了很多优势，那么传统媒体还有存在的必要吗？新媒体与传统媒体之间应该是一种什么样的关系呢？

实训演练

1. 实训内容：了解我国网民近两年对于互联网新媒体的使用情况。

2. 实训目的：对我国各类互联网新媒体渠道的现状有一个感性认识，理解新媒体的含义和作用。

3. 基本步骤：登录中国互联网络信息中心网站（http：//www.cnnic.cn），查找第 42 次《中国互联网络发展状况统计报告》的有关数据，填写表 1-3。

表 1-3 **我国网民各类互联网常见应用的使用率**

应用	2017 年 12 月		2018 年 6 月		半年增长率
	用户规模（万人）	网民使用率	用户规模（万人）	网民使用率	
即时通信					
搜索引擎					
网络新闻					
网络视频					
网络音乐					
网上支付					
网络购物					
网络游戏					
网上银行					
网络文学					
旅行预订					
电子邮件					
互联网理财					

续前表

应用	2017年12月		2018年6月		半年增长率
	用户规模（万人）	网民使用率	用户规模（万人）	网民使用率	
微博					
地图查询					
网上订外卖					
在线教育					
网约出租车					
网约快车					
网络直播					
共享单车					

任务二 树立新媒体营销意识

做中学

请对你身边的企业做个小调查，了解它们是否采用了新媒体营销。若企业采用了新媒体营销，那么它们新媒体的传播载体是什么？传播时效是如何选择的？采用了哪些传播形式？受众的年龄是怎样的？请将调查结果填入表1-4中。

表1-4　新媒体营销情况调查表

新媒体营销	是□　否□
传播载体	互联网□　手机□　电视□　户外□　其他□
传播时效	固定时间传播□　随时随地传播□　滞后传播□　即时信息□
传播形式	文字□　图片□　音频□　视频□　视频直播□　个性化图片（GIF动图、表情包等形式）□　其他□
受众年龄	“50后”□ “60后”□ “70后”□ “80后”□ “90后”□ “00后”□ 其他□

结合知识链接的相关内容树立新媒体营销意识，了解新媒体营销载体，熟悉新媒体营销的工具。

☼ 知识链接

一、新媒体营销

（一）营销理念的发展变化

市场营销作为一门学科，开始于20世纪上半叶。随着市场竞争的日趋加剧，营销越来越受人们的热捧，营销的各种理论也在实践中不断得到发展，其中最具有影响力的一次发展是从4P理论到4C理论的变化。

1. 以满足市场需求为目标的4P理论

美国营销学学者麦卡锡教授在20世纪60年代提出了著名的4P营销组合策略，即产品、价格、渠道和促销。他认为一次成功和完整的市场营销活动，是以适当的价格、适当的渠道和适当的促销手段，将适当的产品和服务投放到特定市场。

2. 以追求顾客满意为目标的4C理论

美国营销专家劳特朋教授在1990年提出了4C理论。该理论以消费者需求为导向，重新设定了市场营销组合的四个基本要素，即消费者、成本、便利和沟通。它强调企业首先应该把追求顾客满意放在首位，其次是努力降低顾客成本，然后要充分注意到顾客购买过程中的便利性，而不是从企业的角度来决定销售渠道策略，最后还应该以顾客为中心实施有效的营销沟通。

与市场导向的4P理论相比，4C理论有了很大的进步和发展。它重视顾客导向，以追求顾客满意为目标，这实际上是当今消费者在营销中越来越居主动地位的必然结果。

（二）新媒体营销的界定

新媒体营销是指利用新媒体平台进行的营销活动。新媒体营销基于新媒体的广泛使用和深入渗透，是4C理论最有效的贯彻。在营销过程中，必须先重新审视目标消费群体的消费行为特征，然后有效地选择和利用新媒体工具。实际上，新媒体视野下的营销观念和传统媒体背景下的营销观念并没有本质区别，它们的根本差异在于营销渠道和工具的变化。因此，本书主要侧重营销中新媒体平台的应用。

【案例1-6】

亚马逊于1995年7月成立，8月卖出第一本书。三年后，亚马逊被《福布斯》杂志评为世界上最大的网上书店，顾客散布在世界200多个国家和地区。2015年亚马逊实现净营收1 070亿美元，同比增长20%。亚马逊之所以能够取得爆炸式的发展，主要源于以下几方面：一是建立了高质量、数量庞大的书目数据库。二是创造了自己的品牌。三是实行了灵活多样的营销手段：首先，亚马逊网站搜索快速、订购快速、送货快速。其次，亚马逊有 30 万种以上的书目可以进行购买折扣优惠。最后，亚马逊提供全方位的营销，如亚马逊创造出网络社区氛围，鼓励读者发表书评，请作家与读者聊天；把购物过程变得简单、安全；拥有遍布世界各地的营销网络；建立 Your Store 服务，等等。

案例思考：

用营销理念分析亚马逊成功的原因。

二、新媒体营销的特点

（一）速度快

从传播途径来看，新媒体更易引起人们的广泛关注，满足人们对各类信息的获取需求（如思想需求、心理需求、审美需求、利益需求等），因此更受人们欢迎，传播速度也就更快。

（二）互动强

从表现手法上看，新媒体平台的信息发布方式比较便捷，限制较少。人们可以随时随地通过新媒体平台关注、分享身边的新鲜事，自由表达自己的想法，在这种情况下，人们参与活动的意愿更强。

新媒体营销有多个传播点，可以实现企业与目标客户的双向沟通。随着科学技术的发展，目标客户不仅可以在新媒体平台上工作，还可以在新媒体平台上进行娱乐消费等，其互动特性得到了极大的凸显。

（三）传播广

随着互联网技术的不断发展，新媒体的传播渠道越来越多，主要有微博、微信、博客、网络视频、网络社交等。而新媒体营销不受时间和空间的限制，可以不间断地向全国各地传播信息。

（四）成本低

新媒体采用多元化方式宣传企业品牌，使得营销成本降低。相较于过去企业通过投入大量资金在电视上打广告、建立网站以及每日发布信息，很多新媒体平台都是免费的，并且可以随时随地分享资源。比如，在微信平台上建立公众号、在微博上建立官方微博、在

QQ 上建立粉丝群等。

与此同时，在新媒体平台上，创造的内容更有创意、更具价值，人们乐于进行转载分享，快速地将信息传递下去而无须像传统媒体那样花费大量的资金进行推广。

（五）目标精准

新媒体营销的广告投放更精准。就像对症下药一样，目标受众看到的广告是适合自己的广告，而不用遭受无关信息的干扰；非目标受众不用接受相关广告信息，也降低了企业的宣传费用。此外，精准投放广告，不仅可以节约成本，而且更容易锁定目标用户，极大地提高广告主的投资回报率。

讨论交流：

最近一次让你印象深刻的新媒体广告是什么？请将其分享给同学们，说说这个广告吸引你的理由。

三、新媒体营销的主要载体

新媒体营销载体的形式非常多，而且随着新技术和新思维的层出不穷，新的传播渠道也不断涌现。目前常用的新媒体营销的载体主要有以下几种。

（一）互联网新媒体

互联网新媒体是建立在互联网上的各种新媒体形式。互联网如今已经成为最主要的新媒体。当前主流的形式包括门户网站、电子商务、网络广告、搜索引擎、微博、微信、社区网络等。

（二）手机新媒体

手机新媒体是以手机、平板电脑等智能移动设备为无线终端，以 WAP 网络和万维网为平台的大众传播媒介。其主流形式有手机视频、手机电视、App、二维码等。

（三）电视新媒体

目前，电视新媒体主要是数字电视、IPTV 等。数字电视是一个从节目采集、节目制作、节目传输到用户端都以数字方式处理信号的端到端的系统。IPTV 即交互式网络电视，是一种利用宽带有线电视网，集互联网、多媒体、通信等多种技术于一体，向家庭用户提供包括数字电视在内的多种交互式服务的新技术。

（四）户外新媒体

户外新媒体是指安放在人们一般能直接看到的公共场所的数字电视等新媒体，是有别于传统的户外媒体形式（广告牌、灯箱、车体等）的新型户外媒体，比如公交车、飞机、地铁、轻轨等交通工具及其相应的辅助场所如公交站、航空港、地铁（轻轨）站内所衍生的渠道媒体——LED 彩色显示屏、视频等。其内容主要是广告。目前户外新媒体的主要形式包括城市户外电子显示屏、楼宇电视、车载移动电视等。

讨论交流：

假如你是淘宝网的营销主管，在 6 月 18 日这天你想让大家去参加淘宝网大促销活动，你会选择下面哪个媒体投放广告？请说明理由。

A. 新浪、网易、搜狐、腾讯首页

B. 某百万粉丝级微信公众号

C. 网易新闻客户端

四、新媒体营销的实用工具

随着移动技术和信息技术的不断发展，在进行新媒体营销时，可以借助很多新的软硬件工具。这些工具对于营销活动的顺利开展具有很大的帮助，值得营销者注意。

（一）图片处理工具

运用图片处理工具对图片进行美化处理，可以使新媒体平台推送的内容更为赏心悦目。一般来说，新媒体常用的图片处理工具有 Photoshop、光影魔术手、美图秀秀、美颜相机等。

其中，Photoshop 较为常见，在图片处理方面的效果更好；光影魔术手易于上手，可以自动抠图；美图秀秀功能极多，可以在手机上方便操作；美颜相机则是自拍神器，可以对人物外貌、肤色进行处理。总之，不同的图片处理工具各具特色，相互配合使用，可以制作出效果良好的图片。

讨论交流：

你用过的图片处理工具有哪些？能说说它们的优势吗？

（二）视频处理工具

在进行新媒体营销时，有时会需要发布一些小视频，这就要用到视频处理工具。常用的视频处理工具有狸窝、爱剪辑、会声会影、视频编辑大师、格式工厂、维棠、屏幕录像大师等。

其中，狸窝、爱剪辑、会声会影比较简单易学，视频编辑大师功能比较丰富，格式工厂可以用于格式转换，维棠可用于素材采集，屏幕录像大师可以用来制作教程动画。

讨论交流：

你用过的视频处理工具有哪些？能说说它们的优势吗？

（三）存储工具

在新媒体平台上发布信息需要进行存储，这就要用到存储工具。常用的存储工具有百度网盘、360 云盘、腾讯微云等。

其中，百度网盘不仅可以上传照片和文件，进行视频备份，还可以将资料分享给他人，且注册后就能获得 5G 的内存容量；360 云盘和百度网盘类似，可获得 18G 的免费初始容量空间；腾讯微云则特别适合在 QQ 和微信中使用。

讨论交流：

你用过的存储工具有哪些？能说说它们的优势吗？

（四）微场景工具

微场景是指用 Html5 编码的页面，可以用来翻页、呈现动态、3D、简单交互效果，常常用于活动召集、论坛邀请函、发放优惠券、发布新品牌等。常用的微场景工具有易企秀、iH5、ME 微杂志、易企微、兔展、BlueMP 麦片、初页、MAKA、翼码旺财 H5、微页、点点客海报、秀米制作、易传单、最酷网、起飞页、有图等。

讨论交流：

你用过的微场景工具有哪些？能说说它们的优势吗？

（五）数据采集工具

在进行新媒体营销时，往往需要对数据进行采集分析，这就要运用到数据采集工具。常用的数据采集工具有金数据、麦客、问卷网、表单大师等。

讨论交流：

你用过的数据采集工具有哪些？能说说它们的优势吗？

（六）SEO 工具

SEO 即搜索引擎优化。在进行新媒体营销时，通过搜索引擎优化，可以改进品牌的关键词排名，获得更多的流量，进而将流量转化为利润。常用的 SEO 工具有爱站 SEO 工具包、百度搜索风云榜、百度指数、新媒体排行榜等。

讨论交流：

你用过的 SEO 工具有哪些？能说说它们的优势吗？

（七）二维码生成器

在进行新媒体营销时，二维码常常用于产品品牌的推广。常用的二维码生成器有草料二维码、联图网、二维工坊、微微二维码等。

讨论交流：

你用过的二维码生成器有哪些？能说说它们的优势吗？

（八）电子书工具

新媒体营销在查找内容、阅读电子书时，会用到电子书工具。常用的电子书工具有捷速 OCR，其功能在于可以将 JPG、PNG、TIFF、BMP 等格式的图片转换为 WORD 和 TXT 格式。

讨论交流：

你用过的电子书工具有哪些？能说说它们的优势吗？

（九）流量平台

成功的新媒体营销可以使企业获得流量，进而获得更多的粉丝，增加目标消费人群数量，提高产品的销售额。常用的流量平台有百度贴吧、天涯社区、猫扑网、豆瓣等。这些平台都是较大的网络平台，能够引入较多的流量。

讨论交流：

你用过的流量平台有哪些？能说说它们的优势吗？

（十）运营助手

运营助手可以简化新媒体营销的运营流程，使营销取得更加出色的效果。常用的新媒体运营助手有新媒体管家、易赞、西瓜助手、爱微帮等。

讨论交流：

你用过的运营助手有哪些？能说说它们的优势吗？

（十一）排版工具

在新媒体平台上推送文章时，赏心悦目的排版更容易被人们接受。常用的排版工具有 i 排版、秀米、96 微信编辑器、新榜编辑器、小蚂蚁微信编辑器、易点编辑器等。

讨论交流：

你用过的排版工具有哪些？能说说它们的优势吗？

拓展学习

- 通过百度搜索《万达集团新媒体推广投放蓝皮书》，填写表 1－5。

表 1－5　新媒体投放渠道情况表

投放渠道	简介
新闻客户端	
地方网络平台	
社交媒体	
视频平台	
BAT（百度、阿里巴巴、腾讯）平台	
DSP 平台（需求方平台）	
房地产网络平台	
跨界网络平台	
其他新媒体	

- 小组讨论：表 1－5 中的新媒体投放渠道你知道多少？你能接触到哪些？你觉得这些内容对你的未来工作有什么影响？

实训演练

1. 实训内容：为某产品的新媒体营销选择合适的载体。

2. 实训目的：培养学生的新媒体营销意识，以及分析和解决问题的能力。

3. 基本步骤：(1) 关注和了解某产品的营销环境，并进行分析；(2) 选择合适的新媒体营销载体形式，并分析原因；(3) 口头阐述。

项目二

网络新媒体营销

情境创设

经过一段时间的观察后，李想、张丹和王翔发现，B2C 平台上的商家多采用网络新媒体营销方式向消费者推广自己的产品。比如通过淘宝网直播平台，用户可“边看边买”，较大幅度提升了购买转化率；有些商家还会购买各大搜索网站的排名，当有用户搜索与他们的产品相关的信息时，就会精准定位，质量引流。

三人以“网络新媒体营销效果”为主题进行了激烈讨论，李想直接提出：“要打造一个优秀的互联网农副产品品牌必须了解网络新媒体营销知识。”张丹提出：“商家的营销方式已经逐步向多元化新媒体营销发展，那我们就先学习网络新媒体营销方式吧！”

探讨

为了能够更好地打造他们的品牌，三人对于如何具体开展新媒体营销活动进行了思考。通过网上查找资料，他们发现网站营销、电子邮件营销、搜索引擎营销和网络视频营销四种网络新媒体营销方式是重要且常用的。于是三人决定一起了解一下这四种网络新媒体营销方式。

学习目标

通过学习本项目，你应该能够：

（1）理解网站营销的含义；

（2）掌握网站的分类及网站营销的常用方法；

（3）掌握建设商务网站的要点及如何做好网站营销；

（4）熟悉电子邮件营销的含义及优势；

（5）掌握电子邮件营销的技巧及注意事项；

（6）理解搜索引擎营销的含义；

（7）掌握如何做好搜索引擎营销；

（8）理解网络视频营销的含义；

（9）了解常用的网络视频营销平台；

（10）掌握如何做好网络视频营销。

任务一 网站营销

做中学

请你对采用新媒体营销的企业进行调查，看看它们是否使用了网站营销。若企业使用了网站营销，那么它的网站是什么类型的？在进行网站营销时，企业使用的方法是什么？请将调查结果填入表 2-1 中。

表 2-1 企业采用网站营销情况调查表

网站营销	□是 □否
网站类型	□产品/服务展示型网站 □直接零售型网站 □批发型网站 □贴牌定制型网站 □招商加盟型网站 □广告费、会员费网站
使用方法	□网站广告 □即时信息 □调查问卷

结合知识链接的相关内容，理解网站营销的含义，掌握营销网站的分类，掌握网站营销的常用方法，了解如何构建一个商务网站，掌握如何做好网站营销。

知识链接

一、网站营销的含义及网站分类

（一）网站营销的含义

网站营销即以网站作为平台的营销活动，就是以互联网络为基础，利用数字化的信息和网络媒体的交互性来辅助营销目标实现的一种新型的市场营销方式。它属于直复营销的一种形式，是企业营销实践与现代信息通信技术、计算机网络技术相结合的产物，是指企业以电子信息技术为基础，以计算机网络为媒介和手段而进行的各种营销活动（如网络调研、网络产品开发、网络促销、网络分销、网络服务、网络营销）的总称①。

网站是为网络营销服务的，它是企业市场营销、品牌营销的重要载体。在互联网蓬勃发展的今天，网站在企业的市场营销中扮演着不可或缺的角色。

（二）网站分类②

根据网站盈利模式的不同，可以将网站分成以下 6 类。

1. 产品/服务展示型网站

该类网站通过线上展示产品或服务来获取意向客户。这类网站不仅通过详细的产品信息让用户精细地了解产品，还利用网站内容的整体布局及信息展示多方面抓住用户心理，尽可能地使用户选择该网站的产品。

2. 直接零售型网站

该类网站面向终端消费者销售产品，是目前主流的网站类型。它通过精美的产品图片和促销海报、贴心的客户服务等吸引用户的眼球，令用户选择该网站购买产品。

3. 批发型网站

该类网站不直接面向终端消费者，而是将产品批发给批发商。这类网站相较于直接零售型网站，往往采购量比较大，而且一次购买可能涉及后续合作问题。因此这类网站在产品或服务的细节上会更加慎重。

4. 贴牌定制型网站

贴牌定制，通俗来说就是别人提供牌子，你来生产，完成后贴委托方的牌子去卖。该类网站需要提供详细的企业配备信息等，以获取对方信任。

---

① 陈晓雯．浅谈电子商务与网络营销．商场现代化，2010（15）．

② 黎长鑫．网站营销全攻略．北京：北京理工大学出版社，2015.

5. 招商加盟型网站

招商就是寻找加盟商，让他们打款进货，加盟销售企业的产品。这个过程是一个双向选择的过程，需要双方达成意向。所以该类网站不仅要有好的产品，还必须有周密的策划。该类网站通过详细的产品介绍、产品优势、经营模式、获得的成就等吸引客户眼球，让客户产生兴趣。例如 3158 招商加盟网站。

6. 广告费、会员费网站

该类网站普遍存在于 B2B、B2C 等第三方平台上，为商家提供销售和营销平台，商家付给网站一定的广告费、会员费等。如京东、易趣等网站。

讨论交流：

海澜之家官网属于什么类型的网站？

二、网站营销的常用方法

（一）网站广告

通常网站都会有一定的广告位来放置网络广告，该方法在网络营销方法体系中具有举足轻重的地位。其本质是向互联网用户传递营销信息的一种手段[①]。网站广告通常有 banner 广告、文字广告等，会链接到相关的产品页面。特别是在企业要推出某项活动或某种特色产品时，网站广告的效果尤为显著。

（二）网站调研

企业通过调查问卷的方式，掌握用户对于网站或产品的了解程度，便于更好地完善网站，建立企业网站与用户的关系。

（三）即时信息回复

企业网站提供在线实时交流工具，用户可以通过该服务，向网站了解产品或服务的情况，便于用户更好地做出决策。

（四）常见问题列表

在了解产品和服务的过程中，用户会产生很多疑惑，如果这些疑惑得不到解决，就会阻碍用户的进一步行动。常见问题列表既可以帮助用户了解产品和服务，也可以减少客服

① 陈伟．汽车行业数字营销策略研究．上海：复旦大学，2009.

的工作量，提高工作效率。企业可以通过查看在线客服的聊天记录，将用户最常见的问题整理成常见问题列表。图 2－1 所示是百度的常见问题列表。

图 2－1　百度的常见问题列表

三、商务网站的建设

一个好的商务网站就像一个优秀的业务员一样，了解用户，善于说服之道，能抓住用户的注意力，洞察用户的需求，有效地传达自身的优势，一一解除用户在决策时的心理障碍，并顺利使目标用户留下销售线索或下订单。建设好一个商务网站也是进行网站页面布局的过程。网站页面布局是对网站页面空间的总体规划和安排。良好的布局能使用户获得舒适的视觉感受和良好的交互体验。商务网站建设的要求是阅读流畅、层次清晰、布局舒展以及无视觉压迫感。构建一个商务网站主要包括以下内容。

（一）网站头部

网站头部最基本的功能是清晰而准确地告诉访客"我是谁""我是做什么的"。因此，一般会将企业的 Logo 和简称放在头部。如图 2－2 所示，我们可以清晰地看到肯德基的网站头部有企业 Logo 和提供的服务项目。

图 2－2　肯德基网站头部

（二）网站导航

网站导航就像行车导航，能够准确地指引用户到达目的地。利用网站导航，我们可以快速地找到我们想要浏览的页面。好的网站必须要有好的导航，它可以大大节约访客的时间，提高访客的效率。网站导航分很多种，有主导航、产品导航、搜索导航、底部导航等。一般导航须遵循一个原则——让访客不超过三次点击就能得到他想要的。因此，网站导航十分重要。

讨论交流：

在图 2-3 中，肯德基网站中的导航有哪些？

图 2-3 肯德基网站

（三）广告位

在企业自建网站上，许多地方可设置广告位，而且设置好的广告位所产生的价值非常大。比如在网站首页第一屏的显著位置，一般企业都会设置一个大幅的广告位，这是经过验证的行之有效的方法。该广告位的文案要求易理解、直观简洁又能引发顾客的兴趣。海澜之家官网首页广告位如图 2－4 所示。

图 2－4　海澜之家官网首页广告位

（四）网页内容

访客到访网页，最重要的目的是阅读网页内容，了解相关资讯，获取对自身有用的内容信息，因此网页上的文字内容非常关键和重要。网页上的文字内容主要包括新闻信息、产品信息、企业信息。

1. 新闻信息

几乎所有的企业网站都会有企业新闻。在表达新闻内容时应注意新闻标题要有吸引力，内容编排要有序，例如可以通过文字加粗、放大，穿插图片、表格等形式，便于用户阅读。

2. 产品信息

产品信息是一个企业网站的主体，是非常重要的网站组成部分。产品信息需要做到便于用户查找、产品结构完整清晰、产品信息完整充分三个方面。

3. 企业信息

企业信息包括企业文化、企业介绍、联系方式等。一个企业的企业荣誉、发展历程、员工风采等，可以增加网站的真实性，让客户通过网站了解企业的真实面貌。

四、如何做好网站营销

（一）信息的有效传递

优秀的业务员想把产品成功地推荐给客户，首先要做到的是快速将以下信息传递给对方：

（1）我是谁？

（2）我卖什么产品或服务？

（3）我的产品或服务能解决什么问题？

（4）为什么要选择我，而不是其他人？

（5）为什么现在就要和我合作？

要做好网站营销，同样需要把以上信息传递给每一位访客。而且网站不同于业务员的是，它必须在用户打开网页的几秒内就能吸引用户的眼球，否则网站很可能会失去这个用户。因此，在营销策划中，在用户打开页面时，网站必须快速地传递以下信息：

（1）网页属于哪家网站？网站叫什么名字？

（2）网站提供什么产品或服务？

（3）为什么要在这家网站上购买产品或服务？

如果不能快速地传递这些信息，则说明该网站有待改进。

讨论交流：

根据图 2-5 回答以下问题：

1. 该网页属于哪家网站？网站叫什么名字？
2. 该网站提供什么产品或服务？
3. 为什么要在这家网站上购买产品或服务？

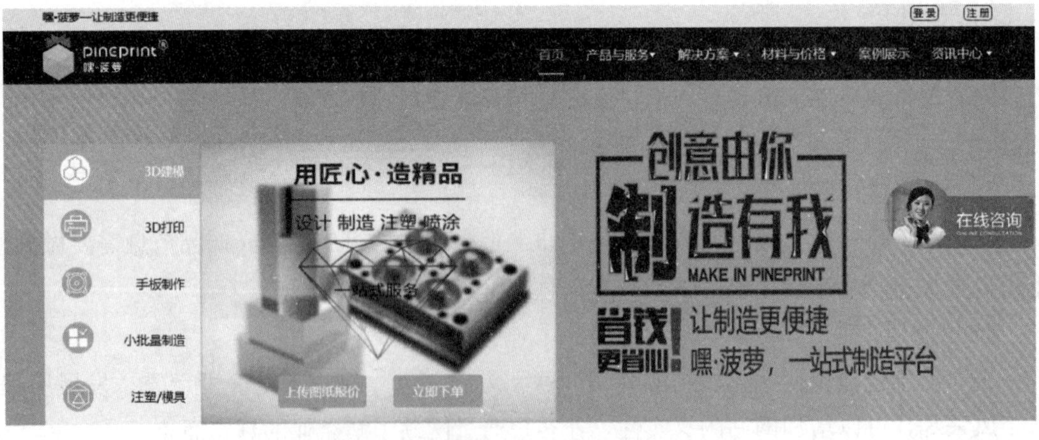

图 2-5　菠萝网

（二）页面的合理布局①

通常，舒适的网页布局会让客户有更多的耐心。那么对于网站来说，怎样的页面布局能让用户有更多的耐心呢？

通常你说的话让听众感兴趣了，他才会认真倾听。而在进行网站营销时，也要从用户的角度来看这些信息对他是否有用。所以在进行页面布局时，要提供有效的产品信息与网站信息。要让不了解你企业的人对你的产品或服务感兴趣，首先要告诉他们你的价值，将企业产品或服务的优势表达出来。

讨论交流：

企业信息在网站首页的展示中是不是越完备越好？

（三）网站的信任力

赢得信任，是说服他人、促成交易的关键。网站的信任力对于网站营销起到决定性的作用。在网站中，比较常见的建立信任的方法有专业的网站形象、展示成功案例、用户评价。

1. 专业的网站形象

一个好的具有营销能力的网站，必须具备专业的网站形象。首先，它的网站布局必须合理，产品信息展示完善，不存在错别字、网站正在建设中、网站跳转慢等情况。其次，企业的联系方式必须准确有效，用户可以随时与企业网站工作人员沟通。最后，可以将企业的荣誉、获得的证书、参加的社会公益等放入网站中，以增加企业的真实性，树立专业的网站形象。

2. 展示成功案例

人们常说“拿事实说话”“事实胜于雄辩”，所以有说服力的成功案例非常重要。而真正有价值和说服力的案例必须是真实的，不能弄虚作假、过度夸张，否则企业可能丧失公信力。图 2－6 所示的是洛可可公司网站所展示的成功案例，作为一家设计网站，其将为海底捞设计的产品展示在网站上，能增加用户的信任度。

3. 用户评价

用户评价是必不可少的说服因素，尤其对于淘宝、天猫等电商平台，用户评价在很大程度上决定了用户的决策行为。用户评价应尽量图文并茂，以增加评价的真实性。

---

① 谢松杰．网站说服力、营销型网站策划．2 版．北京：电子工业出版社，2017.

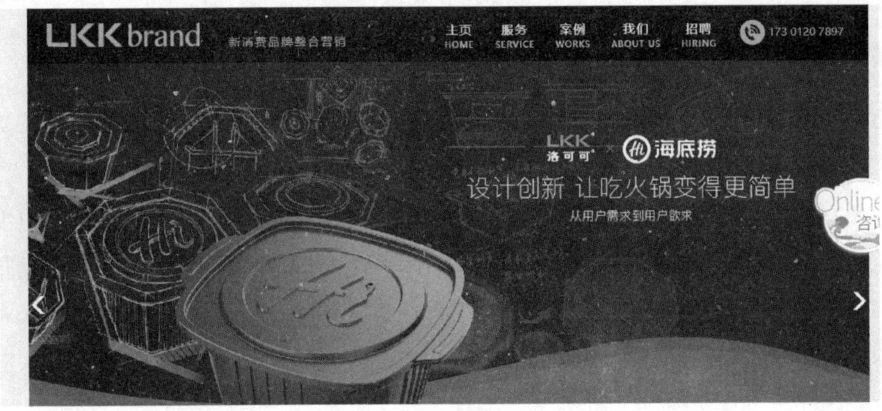

图 2－6　洛可可网站

讨论交流：

图 2－7、图 2－8 所示的是不同店铺的购买者对商品的评价，你会选择在哪一个店铺购买商品？

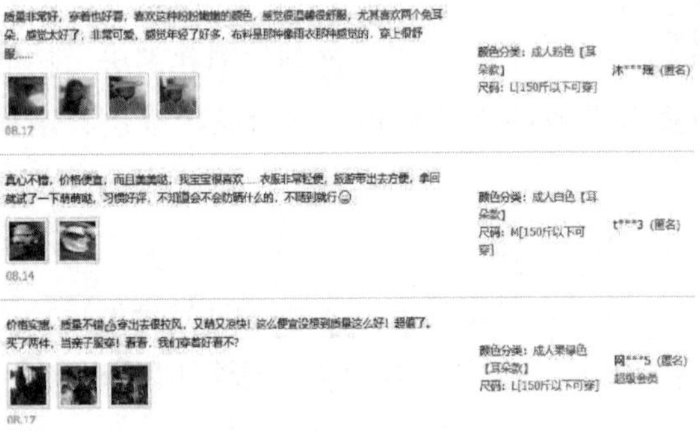

图 2－7　用户评价 1

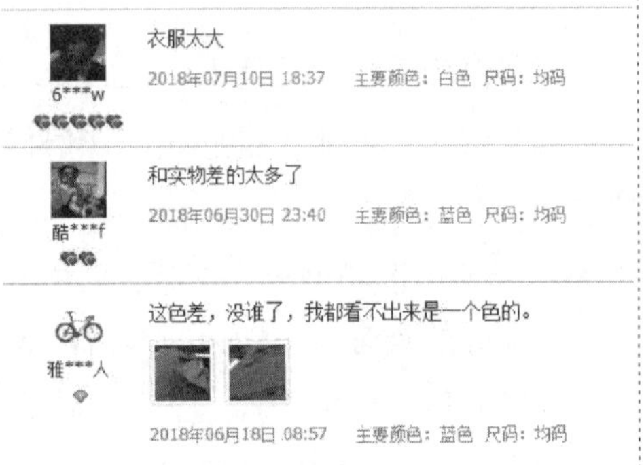

图 2－8　用户评价 2

拓展学习

● 根据课本中的网站分类，通过百度搜索不同类型的网站，并填入表 2－2 中。

表 2－2　网站分类

网站类型	网站名称及网址
产品/服务展示型网站	
直接零售型网站	
批发型网站	
贴牌定制型网站	
招商加盟型网站	
广告费、会员费网站	

实训演练

1. 实训内容：为某一类产品或服务规划其网站布局，并策划网站营销方案。

2. 实训目的：掌握如何创建商务网站，培养学生的分析能力。

3. 基本步骤：(1) 了解某类产品或服务的市场情况，明确市场定位；(2) 确定产品或服务的网站布局；(3) 策划网站营销方案。

任务二　电子邮件营销

做中学

假设你是某花卉网店的老板，七夕前夕你想发布促销广告。你可以通过哪些方法进行广告宣传？在表 2-3 中选择宣传方法，在后面打钩（选择 2～3 项），并说明选择的理由。

表 2-3　广告宣传方法调查表

选项	打钩	理由
门户网站		
电子邮件		
广播		
微博		
微信公众号		
电视		
博客		
手机短信		
专业论坛		
电话		
微信朋友圈		
手机新闻客户端		
报纸		
杂志		

结合知识链接的相关内容，了解电子邮件营销的优势和技巧。

知识链接

一、电子邮件营销概述

（一）电子邮件营销的含义

电子邮件是一种利用电子技术手段提供信息交换的通信方式，是互联网应用最为广泛的服务之一。电子邮件的形式可以是文字、图像、声音等。通过电子邮件，人们能够获得大量的有价值的信息。电子邮件极大地方便了人与人之间的沟通与交流，促进了社会的发展。

电子邮件营销简称邮件营销，英文缩写为EDM，即E-mail Direct Marketing，是指在用户事先许可的前提下，通过电子邮件（E-mail）的方式向目标用户传递有价值的信息的一种网络营销手段。电子邮件营销是一个广义的概念，既包括企业自行开展建立邮件列表的营销活动，也包括通过专业服务商投放电子邮件广告的营销活动。有效的电子邮件营销必须具备三个基本要素：基于用户许可、通过电子邮件传递信息、信息对用户有价值。

1. 基于用户许可

基于用户许可，是电子邮件营销的首要条件，是指商家在做电子邮件营销的时候必须得到用户的许可。其表现方式包含线上与线下两大类：线上收集邮箱地址，一般有网站在线注册、订阅等；线下收集邮箱地址，一般有展会、交换名片、线下活动收集等。

2. 通过电子邮件传递信息

通过电子邮件传递信息，是电子邮件营销的技术基础。首先要保证电子邮件信息安全准时送达，才能谈得上电子邮件营销。

3. 信息对用户有价值

向用户传递有价值的信息，是电子邮件营销的核心要素。信息如果不能对用户起到作用，那么就不能引起用户的兴趣，就不能够为企业带来效益。所以基于用户许可的电子邮件群发，不一定是电子邮件营销，只有在良好的相关性与数据分类基础上，保证传递给用户有价值的信息，才称得上真正的电子邮件营销。

【案例 2－1】

图 2－9 所示是一封来自某培训机构的培训邀请函，通过邮件可知培训的大纲和时间。

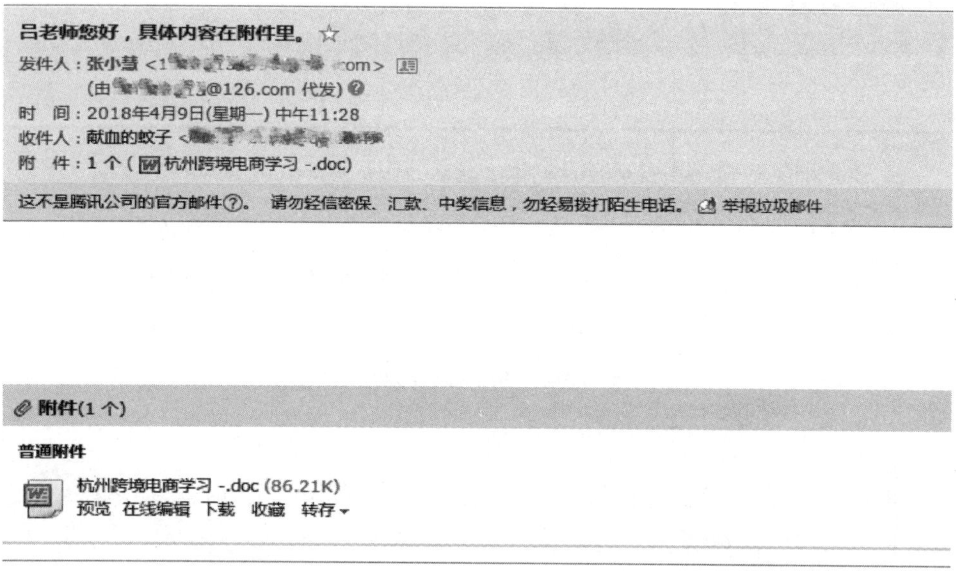

图 2－9　邮件截图

案例思考：

这一封邮件是否属于电子邮件营销？

（二）电子邮件营销的分类

电子邮件营销按照不同的分类标准有不同的类别。

1. 根据是否经过用户许可分类

（1）许可式电子邮件营销（Permission E-mail Marketing，PEM），是指经过用户的许可将邮件及相关信息发送给他的营销方式。凡是用户没有主动要求接收邮件的，都不是许可式电子邮件营销。

例如，注册一个团购网站，用户填写注册表格后会收到一封自动确认邮件，确认邮件中会有一个确认链接或者校验码，只有在用户单击了确认链接后或输入校验码之后，网站才能注册成功，同时该用户的邮箱也成功进入商家的邮件列表，完成商家和用户的双重选择（见图 2－10）。

（2）未经许可的电子邮件营销（Unsolicited Commercial E-mail，UCE），是指没有经过用户的许可将邮件及相关信息发送给他的营销方式。通过这种营销方式发送的信息大多不被用户接纳，甚至会产生反感进而影响商家的声誉，所以这一类营销方式是不可取的。

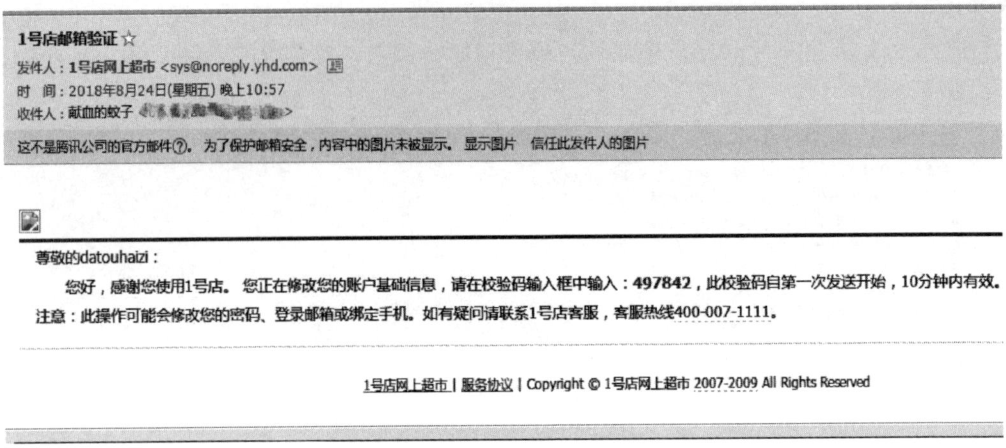

图 2－10 确认邮件

2. 根据电子邮件地址资源的所有权分类

（1）内部电子邮件营销（内部列表），是企业/网站利用一定方式获得用户自愿注册的资料来开展的电子邮件营销。

（2）外部电子邮件营销（外部列表），利用第三方专业服务商或者服务机构提供的电子邮件营销服务，企业并不拥有用户的电子邮件地址及相关资料，也无须管理维护这些用户资料①。

3. 根据营销计划分类

（1）长期电子邮件营销，通常以企业内部注册会员资料为基础，主要表现为新闻邮件、电子杂志、客户服务等各种形式的邮件列表。这种列表比短期电子邮件营销更持久，其作用更多地表现在客户关系、客户服务、企业品牌等方面。

（2）短期电子邮件营销，包括不定期的产品促销、市场调查、节假日问候、新产品通知等。

（三）电子邮件营销的优势

1. 成本优势

电子邮件营销是一种低成本的营销方式。通过互联网发送电子邮件的费用比传统通信方式便宜得多，所有的费用支出就是上网费。当然如果发邮件的频率较高、数量较多，需要专用的服务器及超强的宽带。

2. 信息多样化

电子邮件具有多媒体的特性。电子邮件的内容可以是文字、图像和声音等，大量的技

---

① 魏北连．网络营销．2版．北京：机械工业出版社，2017.

术图纸、资料、软件、音频、动画、视频等多媒体信息，都可以利用它来传递。

3. 反应迅速

相较于搜索引擎优化、博客营销、论坛营销等，邮件发送几小时就可以看到效果。根据发送邮件数量的多少，只要几秒钟到几个小时就可以完成数以万计的电子邮件发送，同样，无法送达的邮件也可以立即退回或者在几天之内全部退回。一个营销周期可以在几天内全部完成。

4. 满足用户个性化需求

许可式电子邮件营销可为用户提供个性化的服务信息。用户可以根据自己的兴趣预先选择有用的信息，当不需要这些信息时，还可以随时退出，不再继续接收。在电子邮件营销中，用户拥有主动的选择权，正是由于用户自己选择的信息与自己的兴趣和需要相关，因而对接收到的信息关注程度更高，这是许可式电子邮件营销获得较好效果的根本原因。

5. 促进顾客关系

电子邮件营销在实现促销职能的同时，对于顾客关系的促进效果比较明显。例如：有研究表明，网站上提供的电子刊物比网站本身的营销效果更好，主要原因在于电子刊物和用户之间不仅仅是单向的信息传递，同时也在网站和用户之间建立起一个互相交流的渠道。通过电子刊物直接将信息发送到用户的邮箱中，用户会长期和网站保持某种关系。

讨论交流：

在用户生日之时给他发一封特制的祝贺邮件，很可能让用户对你的品牌或网站留下深刻的印象，以后购买产品的可能性也就大大增加。那么，怎样设计一封独特的生日祝贺邮件呢？

6. 便于营销效果监测

无论哪一种营销方式，准确、实时的效果监测都不是很容易的事情。相比较而言，电子邮件营销具有更大的优势，可以根据需要监测若干营销效果评价的数据，如开信率、点击率、回应率等。

7. 相对保密性

与微博营销、广告投放等其他营销方式相比，电子邮件营销并不需要大张旗鼓地制造声势。信息直接发送到用户的电子邮箱中，不容易引起竞争对手的注意，有利于自身产品的竞争。

8. 针对性强

电子邮件本身具有定向性，可以针对某一特定的目标客户发送特定的广告邮件。你可以根据需要按行业或地域等标准进行分类，然后针对目标客户进行广告邮件群发，使宣传一步到位。这样做可使营销目标明确，反馈率高，效果好。

二、做好电子邮件营销的技巧

（一）邮箱的收集

巧妇难为无米之炊，邮件营销的第一步是收集邮箱。只有收集到精准度高的邮箱地址，邮件营销才能事半功倍，所以对于邮箱的收集工作尤为重要。现为大家介绍几种收集邮箱的方法。

1. 用户注册资料

电子商务在运作的过程中要求用户注册时需要输入正确的邮箱作为认证条件，以方便认证密码或者接收验证码等，这种方式为邮箱收集带来便利。

2. QQ、微博认证

开放式的社交平台为实现QQ、微博等认证登录提供了可能。采用此方式登录的用户在登录后，需要进一步填写自己的个人信息才能浏览商品信息，其个人信息中会包含邮箱地址。

3. 促销活动征集

为促进业绩的提高，电子商务网站会进行一系列的促销活动，以此来吸引访问，带动消费，而有时候这种价格的下调往往会有一定的阶段性，今天折扣95%，明天折扣90%，类似如此。这时候在旁边添加邮箱订阅功能，则显得更加贴切。一旦下调至对方满意的价格，就会有邮件通知，这样就能采集到邮箱地址。

4. 有奖征集

有奖征集用户对本电商网站的改善意见或者其他相类似的问题，则会调动起用户积极参与的兴趣，竞争赢取奖品。邮件可以通知是否中奖，这样也能从侧面收集到邮箱地址，并能确保活动的真实有效性。

讨论交流：

除了以上收集邮箱的方法，你还能列举出其他收集邮箱地址的方法吗？

（二）通过用户的许可

发送邮件时能得到用户的许可与确认是非常重要的，不通过许可的群发邮件往往会直接进入垃圾箱而不被用户所阅读。只有与用户建立了许可阅读的关系，让用户可以自由地选择许可邮件发送与退订，邮件营销的效果才会越来越好，也才能更好地维护商家与用户之间的关系。

讨论交流：

你有没有收到过没有经过你允许的邮件？如果收到过，你是怎么处理的？

（三）发送个性化邮件

个性化是指对不同的目标客户群发送定制的具体内容，例如，商家可以根据购买历史记录、订阅偏好、位置或兴趣对邮件内容进行个性化定制。这会让目标客户觉得你正在和他们亲自交谈。具体做法是：商家可以将目标客户群体细分为不同的群组，比如已经交易过的客户、咨询过的客户、没有沟通过的潜在客户，随后针对每一个群组编辑不同的营销内容，分别发送。

讨论交流：

如果你是某花卉网店的老板，你会通过什么方式细分客户？

（四）优化手机移动端

数据调查显示，现在高达70%的电子邮件是通过手机阅读的。所以，我们在做电子邮件营销的时候必须考虑到手机移动端。

手机邮件优化的关键要素应该包含以下几点：

（1）篇幅避免过长，每段文字之间尽可能插入相关图片；

（2）文字简洁但不简单；

（3）包含跳转页面；

（4）关键信息一目了然。

另外，大多数的电子邮件平台会展示电子邮件在移动设备上的显示方式，但如果没有，你可以先把邮件发送给你自己，看看它是怎么样的。

讨论交流：

使用你的手机打开QQ邮箱，选择一封邮件进行阅读，分析这封邮件有没有做到上面提到的关键要素。

（五）邮件交互性设置

相较于其他网络营销方式，电子邮件营销还有一个很大的优势，就是发送方和接收方可以进行交互式的沟通。交互式邮件的特点在于，以用户为中心，不仅能让用户感知到与品牌间的互动，而且可操作性强，用户参与度高，用户体验极佳。单向的信息推送和营销变成用户自在舒服、沉浸其中的双向交互，在这样的良性互动中，效果自然会更好。

（六）优化邮件主题

寄件人的名称和主题是影响收件人选择是否打开电子邮件的两大因素。所以填写寄件人的名称和标题的时候需要花更多的时间去研究。

寄件人的名称应该简练、清楚，应显示企业的名称、品牌等能够让收件人感兴趣的内容，这样才能避免邮件被当成垃圾邮件。

讨论交流：

表 2-4 中有 4 个邮件主题，请你对这 4 个主题进行分析，选择 1～2 个你认为最优的主题，并在主题后面写上理由。

表 2-4　邮件主题分析

邮件主题	理由
名牌蓝牙耳机，品牌原装音箱，价优，快来看	
就这么便宜，三星原装蓝牙耳机 69 元，索爱原装音箱 88 元	
网络营销班，让您企业的业绩飙升	
实打实的网络营销技巧你想学吗	

（七）吸睛的文案设计

电子邮件营销中不仅主题至关重要，邮件内容的整体设计也应美观大方，让客户看一眼就被吸引住（见图 2-11）。具体要求如下：

（1）具备紧迫性：可加入优惠期限、期间限定等字样。

（2）字数控制：尽量保持在 30 到 50 个汉字，便于阅读。

（3）拟人化：加入收件人姓名，以跟朋友对话的口吻来叙述邮件用意。

（4）个性化：运用个性化的语言，比如针对不同年龄的客户群运用不同的语言风格或者提供不同的服务等。

（5）空间设计：要有足够的留白，以便浏览者容易留意到你邮件的每个元素。

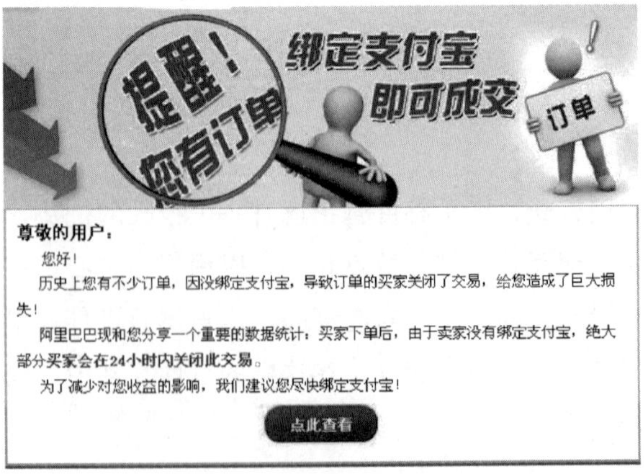

图 2-11　吸睛的文案设计

三、电子邮件营销的注意事项

电子邮件营销的注意事项除了邮件营销技巧中提到的关于不能滥发邮件、主题优化以外，还有以下几点值得注意。

（一）邮件的内容

1. 避免邮件内容过于繁杂

电子邮件宣传不同于报纸、杂志等印刷品广告，不是篇幅越大越能显示出企业的实力和气魄。电子邮件应力求内容简洁，用最简单的内容表达出你的诉求点，如有必要，可以给出一个详细内容的网址（URL）。收件人如果有兴趣，会主动点击链接的内容，否则，内容再多也没有价值，只能引起收件人的反感。

2. 增强邮件内容的可读性

邮件内容的可读性决定阅读者是否愿意花费一定时间去阅读自己感兴趣的事情，可以说邮件内容的可读性决定着邮件营销的效果，所以邮件发送者应该将大部分心思放在增强邮件内容的可读性上。

例如：当一名注册会员付款购买完一款笔记本时，邮件发送者发送的内容最好包含电脑使用诀窍、电脑保养说明、如何更健康地上网等。

3. 避免采用附件形式

有些发件人为图省事，将一个甚至多个不同格式的文件作为附件插入邮件中，这样自己省事了，却给收件人带来很大麻烦。由于每个人所用的操作系统、应用软件会有所不同，附件内容未必可以被收件人打开。例如，你的附件是 PPT 格式的文档，而收件人根本没有这种处理工具，那么你的附件有什么价值呢？所以，最好采用纯文本格式的文档，把内容尽量安排在邮件的正文部分，除非插入图片、声音等资料，否则不要使用附件。

4. 设置订阅及退订按钮

用户的订阅以及退订邮件要简单易行，一封营销类型的电子邮件，应在其顶部或者底部设有简单有效的订阅及退订按钮。此按钮的存在能够让用户有权选择订阅及退订，简单有效的按钮对用户的体验起到重要的作用，相反，复杂的按钮会让用户更加反感。

5. 注重礼貌

邮件的字里行间需要谦恭有礼，措辞温文尔雅，增加用户的好感，使整封邮件更具可信度。因此，在语气、表达方式等方面一定要合理。

6. 邮件签名

邮件签名需要简洁，同时要确保真实可信。

（二）邮件的发送频率

邮件发送一定要注意频率，发送太频繁或者长时间不发送都是得不到营销效果的。一般来讲，一个月发送一到两次邮件是可取的发送频率。当然，我们还可以采用以下处理方法。

1. 根据用户的偏好

可以在用户订阅的时候提供发送频率的选项，如果没有条件做到这一点，那么试着在首次发送邮件中加入这一项目调查表，收集发送频率的相关信息。

2. 细分用户

如果用户表明了希望收到邮件的频率，可以依据频率对用户分组，并依据用户选择的频率来决定推广活动的频率。在原有活动的基础上给不同发送频率的用户发送不同的信息，这些信息的针对性更强。

3. 灵活发送

比如临时发生的重大新闻事件，或现在推广活动的信息、特殊的节假日等，这些信息需要即时让订阅者了解。尤其在活跃用户希望得到更多信息的情况下，灵活地按需发送邮件也未尝不可。

讨论交流：

除了以上对邮件发送频率的处理方法，你还能列举出其他方法吗？

（三）目标定位

你的邮箱地址也许是自行收集的，也许是从他人那里获取的，或者是根据某种“规律”推断出来的。得到这些资源后，不管是不是自己的目标受众，就不加区分地发送邮件，这样的营销只能是徒劳无功的。

（四）邮件的回复

想象一下，一个潜在客户给你发出了一封关于产品的询问邮件，他一定在急切地等待回音。如果等了两天还没有结果，他就不会再有耐心等待下去，说不定早就成了你的竞争对手的客户。

在现实生活中，我们都会有同样的感受：4～6 小时内的回复邮件会让人感觉棒极了；8～12 小时内的回复邮件说明你一直在工作，同时我仍被列为受重视的客户；一天内的回复邮件说明我未被遗忘；两天后的回复邮件说明我对于你来说已无所谓。

讨论交流：

现实生活中，你有没有遇到邮件得不到回复的情况？你是如何应对的？

（五）隐私保护

现在大家在网上一旦透露邮箱地址，总会收到很多垃圾邮件，这也是很多人不愿意订阅任何东西的原因之一。所以，以简单坚定的语言向用户承诺绝不泄露用户信息，绝不发垃圾邮件，会最大限度地打消用户的顾虑。

拓展学习

- 通过百度搜索中国互联网协会对“垃圾邮件”的定义，把结果写下来。

- 小组讨论：通过什么方法能够阻止垃圾邮件的入侵？

实训演练

你是某花卉网店的老板，七夕前夕你决定通过电子邮件营销发布促销广告。请开通邮箱，将邮箱地址和邮件标题及内容填写在下面的横线上。

邮箱地址：

邮件标题：

邮件内容：

任务三 搜索引擎营销

做中学

请举例说明你在生活中常见的搜索引擎。

知识链接

一、搜索引擎营销概述

搜索引擎是互联网用户获取信息的主要方式之一，常被用作网站推广的工具，能为网站带来潜在目标用户。现在很多中小型企业的网站推广方式就是依赖搜索引擎营销。

【案例 2-2】

CNNIC 发布的第 42 次《中国互联网络发展状况统计报告》显示，截至 2018 年 6 月，中国网民规模达到 8.02 亿人，2018 年上半年新增网民数量为 2 968 万人，与 2017 年年末相比增长 3.8%，互联网普及率为 57.7%。

在中国搜索引擎用户规模及占比情况方面，2018 年上半年中国搜索引擎用户规模为 6.57 亿人，与 2017 年年末相比增长 1 731 万人，占整体网民的比例达到 81.9%。

搜索引擎营销（Search Engine Marketing，SEM），是指根据用户使用搜索引擎的方式，利用用户检索信息的机会尽可能地将营销信息传递给目标用户的营销方式。搜索引擎营销的基本思想是让用户发现信息，并通过点击进入网页，进一步了解所需要的信息。企业通过搜索引擎付费推广，让用户可以直接与公司客服进行交流、了解，实现交易。

搜索引擎营销，是在用户检索信息时，企业通过搜索引擎将信息传递给用户的。其基本实现过程如下：第一步，企业将信息以网页的形式发布，构建信息源；第二步，搜索引擎将网站/网页信息收录到数据库；第三步，用户利用关键词在搜索引擎上进行检索；第四步，检索结果页面中展示客观的检索结果和广告信息中罗列的相关索引信息及其链接地址；第五步，用户选择有兴趣的信息并单击链接地址进入信息源所在的网页。这样就完成了企业从发布营销信息到用户获取信息的完整过程，这个过程也说明了搜索引擎营销的基本原理，如图 2 - 12 所示。

图 2 - 12 搜索引擎信息传递过程

> **讨论交流：**
>
> 请分享一下你在生活中使用最多的搜索引擎，你是只用这个搜索引擎还是同时会使用好几个搜索引擎？说说你的理由。

目前，搜索引擎众多，如百度、必应、谷歌、搜搜、搜狗、360 搜索、神马搜索等。

【案例 2 - 3】

2018 年 4 月，百度国内市场份额为 77.53%，排名第一；神马第二，市场份额为 9.35%；搜搜第三，市场份额为 6.37%；搜狗第四，市场份额为 3.59%；Google 第五，市场份额为 1.67%；其他搜索引擎的市场份额为 1.48%，如图 2 - 13 所示。

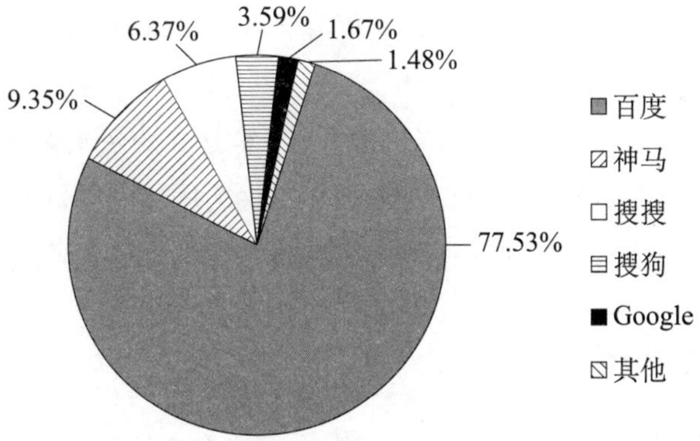

图 2 - 13 2018 年 4 月中国搜索引擎运营商市场份额占比

资料来源：常州 SEO. 2018 年 4 月全球 & 中国搜索引擎市场份额排行榜 . 百家号，2018 -05 -11.

企业在考虑做搜索引擎营销之前，先要了解自己的目标用户群体使用搜索引擎的习惯，选择恰当的搜索引擎平台做营销活动。

二、搜索引擎营销的关键

搜索引擎营销的基本思想是让用户发现信息，并通过搜索点击进入网站/网页进一步了解信息。

（一）明确企业定位

想要进行搜索引擎营销，就要了解企业的基本情况以及基本信息，建立框架合理且能吸引搜索引擎的企业网站。这样有利于吸引搜索引擎收录网站和网页。

（二）调查用户搜索喜好

搜索引擎营销的最终目的是让用户能够找到企业网站，那么在进行营销之前，一定要调查用户喜好和搜索的关键词。

【案例 2－4】

美联航空——优化关键词选取，机票销量翻番增长

美国联合航空公司（United Airlines）充分利用搜索营销手段，在消费者形成机票购买决策前就与之充分互动，将消费者预先最想知晓的机票信息做最有效的传达，在广告预算没有增长的情况下，搜索营销产生的销售业绩增长超过两倍。

美联航空通过调研获知，有 65%的消费者在做出旅行决定前，会进行至少 3 次的搜索；有 29%的消费者会进行 5 次以上的搜索。而用户关注的信息主要体现在三个层面：价格、服务和关于航空公司的详细信息。因此，针对这三个层面的信息，美联航空分别对关键词的选择以及结果的呈现方式做了优化，使消费者在决策前知晓相关的信息，从而带动了机票销量的增长。

美联航空的案例告诉我们，搜索营销能够告知客户在购买周期内关注的细节是什么。而把握这些细节，如能在营销活动中提升与客户的信息传达能力，并且时刻优化这些信息的呈现方式，让市场营销人员和用户保持互动循环，就能对销售产生实际的促进作用。

（三）吸引搜索用户点击

每一次的搜索结果都会出现 10～20 条信息，用户会在这些信息中浏览前面几条信息。所以，搜索引擎营销的主要目的是让企业网站在搜索结果中的排名靠前。

讨论交流：

在使用搜索引擎时，对于给出的结果，你会习惯性地看哪几条？为什么？

三、设置搜索关键词

搜索引擎营销的核心无疑是优化与企业业务相关的关键词，达到在搜索引擎上最好的排位，让互联网用户最容易搜索到，从而起到推广和宣传企业与产品进而促进销售的目的。

（一）关键词的含义

关键词源于英文单词 keywords，指单个媒体在制作使用索引时所用到的词汇。关键词搜索是网络搜索索引的主要方法之一，就是访问者希望了解的产品、服务和公司等的具体名称用语①。如图 2－14 所示，我们输入的“世界杯”三个字就是本次搜索的关键词。

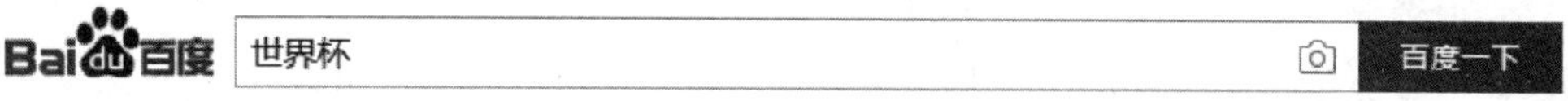

图 2－14　关键词搜索

简单来说，关键词是用户输入到搜索框里面的文字，也就是用户想通过搜索引擎搜索到的东西。

（二）关键词的作用

设置良好的关键词可以提高网站的自然搜索排名，从而增加网站的点击量，吸引用户访问网站，最终达到宣传网站或实现用户购买转化的目的。

（三）关键词的分类

（1）关键词按照主次分类可以分为主要关键词和辅助关键词。

主要关键词一般是一个网站比较难优化的关键词，这类关键词一般都比较热；辅助关键词一般是一个网站易于优化的关键词，这类关键词一般不太热。企业优化好辅助关键词会有意想不到的效果。

（2）关键词按照热度分类可以分为热门关键词、一般关键词、冷门关键词。

热门关键词主要是搜索量比较高的词汇，比如“淘宝网”“京东商城”等；一般关键词主要是有一定搜索量但是搜索量并不是非常大的词汇；冷门关键词主要是用户搜索目的性很强，但搜索量很小的词汇。

（3）关键词按照长短分类可以分为普通关键词和长尾关键词。

普通关键词一般由两到四个字组成，如“韩后”“百雀羚”“雅诗兰黛”等；长尾关键词一般由四个以上的字构成，如“韩后美白淡斑补水套装”“百雀羚凤凰甘油一号”“雅诗兰黛白金粉底液小样”等。

讨论交流：

请同学们想出几个关键词，说说这些关键词的分类。

---

① 参见百度百科“关键词”.

（四）关键词的设置

（1）网站应该有1～3个与企业内容相关的核心关键词，这3个关键词之间最好也具有相关性。核心关键词是整个网站的主题，这就要求我们选择的核心关键词能够起到一个纲领的作用。整个网站的内容都能够围绕这个核心关键词开展。

（2）借鉴竞争对手网站设置的关键词。如今互联网高速发展，各个企业争相进入互联网领域。借鉴竞争对手网站的关键词，可以较小的成本转化为较大的效益。一般来说，较大的企业网站已经具有相当规模，该行业的关键词也会做得比较全面，从这类网站中可以挖掘出企业需要的大部分关键词。

（3）参考搜索引擎提供的数据。如百度搜索“农产”（见图2－15、图2－16）、淘宝网搜索“茶叶”（见图2－17）、搜狗搜索“核桃”（见图2－18、图2－19）等。

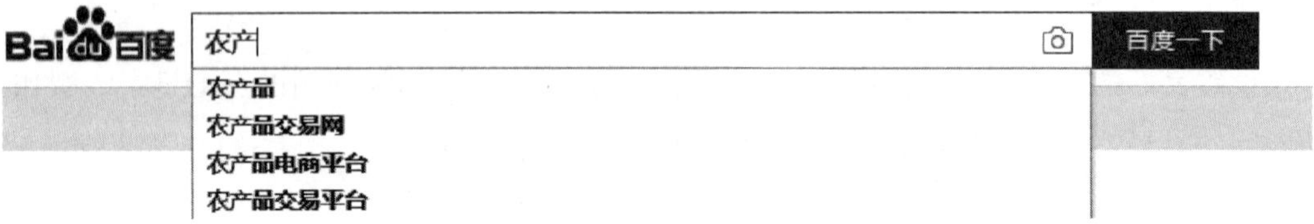

图2－15　百度搜索“农产”1

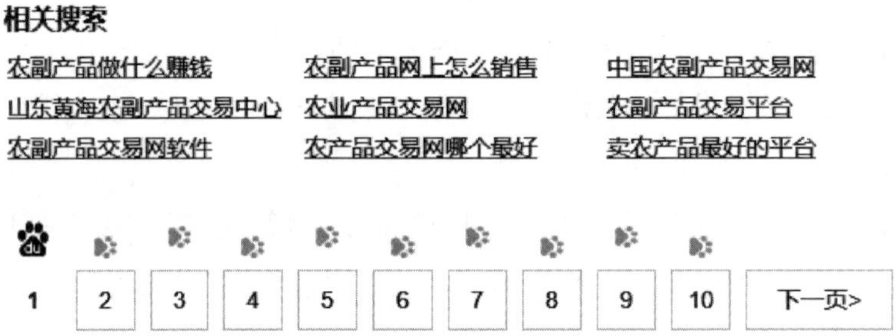

图2－16　百度搜索“农产”2

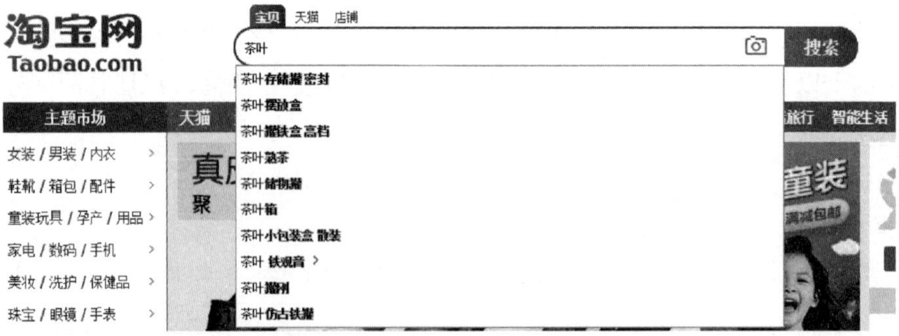

图2－17　淘宝网搜索“茶叶”

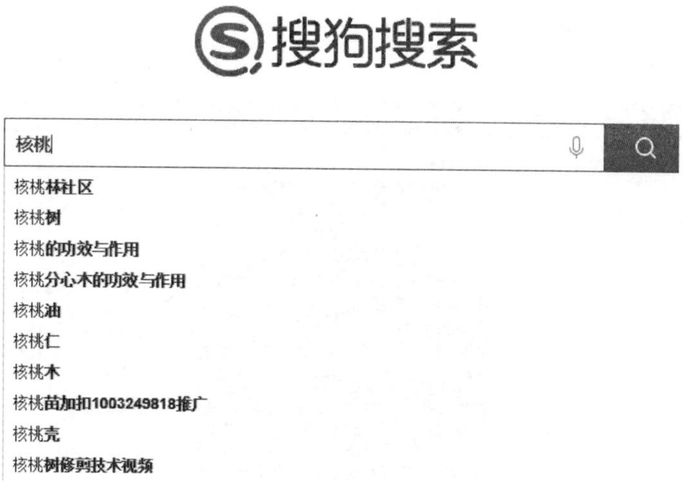

图 2-18　搜狗搜索“核桃”1

图 2-19　搜狗搜索“核桃”2

（4）拓展型关键词。关键词可以有各种形式，比如利用关键词的同义词、近义词、相关词、简写词、习惯用语等对关键词进行拓展，或者通过国家、区域、地名、品牌、功效、属性等对关键词进行拓展。例如，关键词为“核桃”，可以拓展为“临安核桃”“天目山核桃”“小核桃”“小胡桃”“手剥核桃”“核桃手串”“润肠核桃”“三只松鼠核桃”等。

（5）借助其他工具设置关键词。可参考百度指数（见图 2-20）、百度搜索风云榜（见图 2-21）、爱站网（见图 2-22）等选择设置关键词。合理地利用工具来设置网站的关键词，可以帮助企业迅速地被用户发现。

图 2-20　百度指数

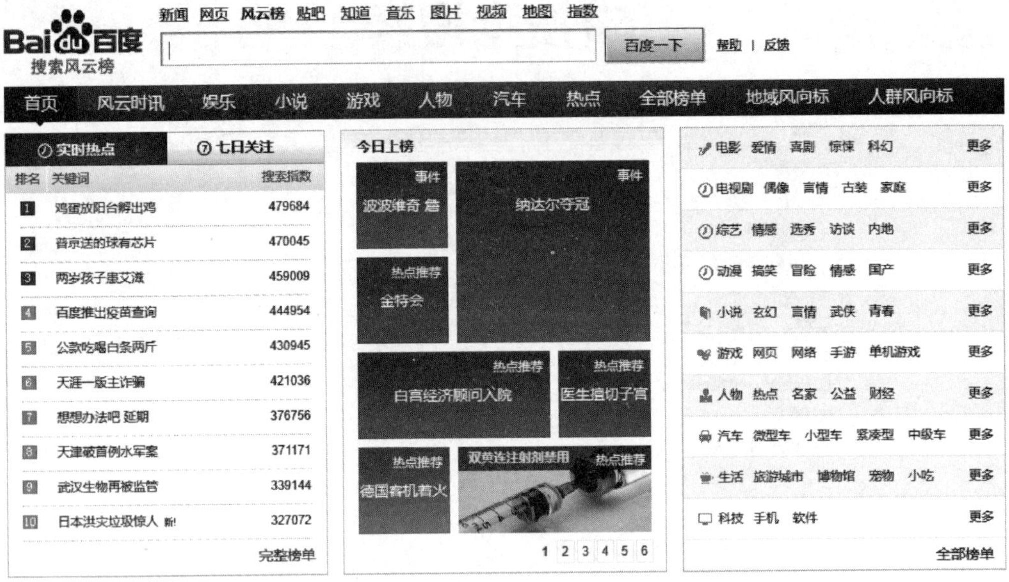

图 2-21 百度搜索风云榜

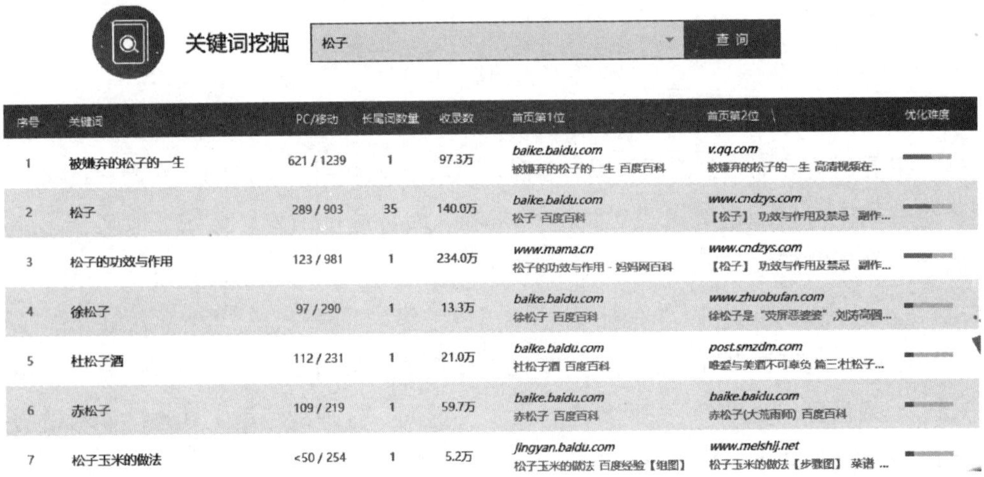

图 2-22 爱站网

(6) 关键词要适合网站的中长期目标。我们确定关键词后就要尽可能地不再更换，更换一次关键词的成本是非常大的。所以我们尽量一次性就将关键词选择妥当。有些人喜欢先做一些简单的关键词，等有了好的排名再换其他复杂的关键词，这种做法是极具风险的。选择的核心关键词最好符合网站的中长期目标。

四、搜索引擎营销的特点

与其他新媒体营销不同，搜索引擎营销具有六大特点，充分利用好这些特点，搜索引擎将成为企业营销的一大利器。

（一）搜索引擎营销与网站内容密不可分

搜索引擎营销需要企业建立自己的网站。通过对企业网站页面内容的收录，搜索引擎才能依据自己的算法将其展现给用户。企业在没有自己网站的情况下，很难被搜索引擎青睐。因此，企业建立自己的网站是进行搜索引擎营销的第一步。

（二）搜索引擎检索的信息只发挥向导作用

利用搜索引擎检索出来的信息内容只是网页信息的简介，或者只是搜索引擎抓取的部分内容，而不是网站的全部内容，因此这些搜索结果只能发挥一个“引子”的作用。

（三）搜索引擎营销由用户主导

搜索引擎营销的接受没有强迫性，用户有更多的自主选择权利，这反而刺激了他们选择的欲望。使用什么搜索引擎、通过搜索引擎检索什么信息完全由用户自己决定，在搜索结果中点击哪些网页也取决于用户的判断，因此搜索引擎营销是由用户所主导的，最大限度地减少了营销活动对用户的滋扰，也最符合网络营销的基本思想。

（四）搜索引擎营销定位程度高

对用户行为进行准确分析并实现高程度定位，选取相关性高的关键词，可以提高营销信息被关注的程度，最终达到增强网络营销效果的目的。

（五）搜索引擎营销效果表现为网站访问量的增加程度

了解这个特点很重要，因为搜索引擎营销的使命就是获得访问量。至于访问量是否可以最终转化为收益，不是搜索引擎营销可以决定的。

（六）搜索引擎营销需要适应网络服务环境

搜索引擎营销不仅可以结合网页综合运用文字、声音、动态影像、动画、表格、虚拟视觉等功能，给消费者以传统媒体广告所无法企及的震撼效果，而且成本低、时效长。当搜索引擎检索方式和服务模式发生变化时，搜索引擎营销方法也应随之变化。因此，搜索引擎营销方法具有一定的阶段性，与网络营销服务环境相协调是搜索引擎营销的基本要求。

五、提升搜索排名的方法

（一）搜索引擎优化

搜索引擎优化（Search Engine Optimization，SEO），是指按照搜索引擎自然排名机制，调整优化网站内部和外部结构，提高或者保持网站在搜索引擎中的关键词自然排名，以获得更多的流量，达成网站销售及品牌建设的目标。[①]

1. SEO 站内优化

做搜索引擎优化的第一步是做站内优化。站内优化的重中之重是做好关键词优化。建设网站，首先，要做好关键词规划，确保关键词符合网站建设内容，确保网站流量。其次，网站的内容建设也是网站运营的重点，提供高质量的、对用户有益的内容是网站各种要素中最重要的一个部分。再次，梳理好网站内部链接结构的优化，在站内相关性的构建上有很大的作用。最后，做好网站 URL 优化、Robots 优化、图片优化、网站地图、单页面优化等网站站内的细节优化也是不可或缺的。

2. SEO 站外优化

“内容为王，外链为皇”的说法流行了很多年，超链接是网站外部优化的重点，曾经也是搜索引擎用来评估网页的重要参考因素之一。无论是谷歌还是百度，对超链接数据的依赖程度都相对较高。除此之外，站外优化还包括外部链接锚文本、软文营销、话题、调查、免费资源和插件、友情链接交换等。站外优化在重视数量的同时更应该注重质量，做好统筹安排。

【案例 2－5】

阿里巴巴是国内最早进行搜索引擎优化的电子商务网站，到目前为止也是网站优化总体状况最好的大型 B2B 电子商务网站之一。阿里巴巴的搜索引擎优化水平远远高于行业平均水平。

阿里巴巴中国站（china. alibaba. com）不仅在被收录的网页数量上远远高于同类网站的平均水平，更重要的是，阿里巴巴的网页质量比较高，潜在用户更容易通过搜索引擎检索发现发布在阿里巴巴网站上的商业信息，从而为用户带来更多的商业机会。阿里巴巴也因此获得更大的网站访问量和更多的用户。

一个网站被搜索引擎收录网页的数量对网络营销有多大意义？单从网站被搜索引擎收录网页的数量来说，并不能反映该网站的搜索引擎营销水平。根据搜索引擎营销目标层次原理，被搜索引擎收录尽可能多的网页数量只是搜索引擎营销的第一个层次；在此基础上，当用户通过相关关键词检索时，这些网页在搜索结果中要有好的表现，比如排名位置靠前、网页标题和摘要信息对用户有吸引力，这样才能引起用户对该网页的点击，这是搜索引擎营销的第二个层次；第三个层次是，当用户点击来到一个网站/网页时可以获得对自己有价值的信息，这样才能为搜索引擎营销的最高目标——促成用户转化奠定基础。所以，如果一个网站被搜索引擎收录的网页数量很少，或者根本没有被收录，那么可以肯定

---

① 徐苹．网络营销实战派．北京：世界图书出版公司，2017.

其搜索引擎营销是失败的。在网页被收录数量多的基础上，如果同时保证网页质量高，这样才是比较理想的状况。

阿里巴巴能做到较高质量的搜索引擎优化水平，其主要方法包括：网站栏目结构层次合理、网站分类信息合理、将动态网页做静态化处理、每个网页均有独立标题、网页标题中含有有效的关键词、合理安排网页内容信息量及有效关键词设计等，另外，每个网页还有专门设计的META标签。这些工作对增加搜索引擎的友好性是非常重要的。这些其实并没有什么神秘之处，都是网络营销导向的网站设计的基础工作。正是将这些看似简单的细微之处做到专业化，阿里巴巴的网页才能在被搜索引擎收录的数量和质量上都远高于其他同类网站。从这个方面来看，可以说，阿里巴巴的专业性已经深入到每个网页、每个关键词，甚至每个HTML代码。

对于B2B电子商务来说，网站优化策略已经成为网站经营策略的重要组成部分。这方面阿里巴巴已经做出了表率，其他B2B网站有必要对阿里巴巴的搜索引擎优化策略进行深入、系统的研究。

讨论交流：

请同学们分小组在网上查找搜索引擎优化的成功案例并分享给大家。

【案例2-6】

未来网站搜索引擎优化，值得关注以下领域：

1. 图片搜索

基于结构化数据的统计，以及“百度识图”依靠人工智能技术识图能力的发展，图片搜索引擎在不久的未来可能成为搜索流量的第二大入口。

图片SEO可能成为网站搜索引擎优化重点研究的对象，其中以电商类站点尤为突出。

届时，图片版权、调整图片大小、名称、ALT标签、图像可识别内容等因素，可能成为图片SEO的重要指标。

2. 语音搜索

对于语音搜索而言，不排除日后会通过语音识别直接调用某个熊掌号的搜索结果。无须一次点击，基于AI的参与，语音搜索需要精准的识别语音输入，并且通过语义分析，调取与其最相关的内容。

为此，你可能需要花费一定时间研究语音搜索长句背后真实的搜索意图，并且组织文章内容与其匹配，当然这种模式可能是相对最为理想的状态。

3. 精选摘要

在我们讨论网站搜索引擎优化的时候，唯一的目标就是提高网站搜索排名。对于百度首条精选摘要，其实就是相对于0排名的位置。

同时百度基于熊掌号也推出了精选问答，通过图文＋视频文字＋语音图文的形式，丰富搜索结果展示的内容。

这两个方面值得 SEOer（搜索引擎优化师）花费一定的时间去研究，其中需要特别关注视频＋文字形式的展现。

4. 社交媒体

社交媒体是否对 SEO 有一定的影响，是争论已久的话题。社交媒体如微博等，往往代表行业的话语权以及品牌的影响力，对于站点内容具有一定权值的影响，故猜测社交媒体在不久的将来可能被纳入百度排名的一个重要指标。

总之，对于任何的网站搜索引擎优化，我们都可以“大胆假设，小心求证”，这样我们才能在未来的竞争中脱颖而出。

案例思考：

请同学们分享一下，上述说法你是否赞同？说说你的理由。

（二）搜索引擎广告

搜索引擎广告（Search Engine Advertising，SEA）是指广告主根据自己的产品或服务的内容、特点等，确定相关的关键词，撰写广告内容并自主定价投放的广告。当用户搜索到广告主投放的关键词时，相应的广告就会展示（关键词有多个用户购买时，根据竞价排名原则展示），并在用户点击后按照广告主对该关键词的出价收费，无点击不收费。

搜索引擎广告包括关键词广告、竞价排名广告、地址栏搜索广告和网站登录广告等形式。搜索引擎广告具有以下特点：

（1）极强的针对性。在搜索的时候，客户需求已经通过关键字表现出来，搜索引擎根据客户需求，给出相应结果。因此广告投放完全是精确匹配，直接针对有需求的客户。

（2）可跟踪的广告效果。好的搜索引擎可以提供广告的数据资料，由此生成完整的报告，方便掌握广告投放效果，及时调整相应的营销战略。

（3）受众广泛。截至 2018 年 6 月，中国网民规模已达到 8.02 亿人，互联网普及率为 57.7%。

搜索引擎广告相对于搜索引擎优化有以下缺点：

（1）关键词广告中无效点击比例过高；

（2）广告信息与自然检索结果可能对用户获取信息的过程产生误导；

（3）专业搜索引擎关键词广告的投放与管理并非易事；

（4）关键词广告每次点击费用在不断地上涨。

讨论交流：

请你分析一下，刚刚创业的李想团队的农副产品网站，应该采用哪种提升搜索引擎排名的方法？并说说你的理由。

六、搜索引擎工具的选择

网站在每个搜索引擎当中的效果怎样，是由每个搜索引擎根据自身的算法来判断的。搜索引擎希望提高用户的使用体验，必然将高质量网站排在前面。

搜索引擎工具主要提供各项网站数据分析，常用的搜索引擎工具有站长之家、Google Pagerank 查询、Alexa 排名查询、Sogou Rank 查询、中国网站排名查询等。

（一）站长之家

搜索引擎营销综合查询的常用工具之一——站长之家，简称 ChinaZ，为个人站长与企业网络提供全面的站长资讯、源代码程序下载、海量建站素材、强大的搜索优化辅助工具、网络产品设计与运营理念以及一站式网络解决方案。

以百草味官网为例，如图 2-23 所示，可以看到站长之家查询到的数据包括：百度权重、360 权重、网站排名、Alexa 排名、备案查询等。这些数据为网站管理人员进行网站搜索引擎优化提供了必要的依据。

图 2-23 站长之家

（二）Alexa 排名查询

Alexa 排名查询是世界通用的网站排名工具。以搜索引擎起家的 Alexa 创建于 1996 年

4 月（美国），创建的目的是让互联网网友在分享虚拟世界资源的同时，更多地参与互联网资源的组织。Alexa 每天在网上搜集超过 1 000GB 的信息，不仅给出多达几十亿的网址链接，而且对其中的每一个网站进行了排名。可以说，Alexa 是当前拥有 URL 数量最庞大、排名信息发布最详尽的网站[①]（见图 2－24）。

图 2－24 Alexa 排名查询

（三）其他工具

站长之家和 Alexa 排名查询都是比较综合性的网站搜索引擎营销工具，除此之外还有爱站网、百度搜索站长平台、百度指数、百度搜索风云榜、百度推广客户端、360 点睛营销助手、搜狗管家等。合理利用这些工具能够让搜索引擎营销工作做起来更加方便有效。

【案例 2－7】

据俄塔社 2018 年 5 月 31 日报道，“俄罗斯制造”品牌的海外推广合作伙伴 Roscongress 基金称，“俄罗斯制造”品牌商品将借助 11 种不同语言的国际搜索引擎进行海外推广，该基金目前已同谷歌、Yandex、百度开展合作。进行推广的“俄罗斯制造”品牌商品包括从食品到汽车的各类商品。目前，网站已开通俄语、英语、西班牙语版本，后续还将开通汉语、印地语、葡萄牙语、法语、阿拉伯语、越南语、德语和马来语版本。

---

① 参见百度百科“Alexa”.

讨论交流：

你认为应如何把握搜索引擎营销的趋势？

拓展学习

● 利用站长之家搜索引擎工具，查询三只松鼠网站（http://www.3songshu.com）的搜索引擎优化状况，完成表2-5。

表2-5　三只松鼠网站搜索引擎优化状况

网站信息	信息
Alexa排名	
百度权重	
Google权重	
360权重	
站内链接	
出站链接	
域名年龄	
域名备案	
关键词库	
百度流量预计	
百度快照时间	
百度首页位置	
百度收录量	
百度反链数	
关键词列举	

实训演练

1. 实训内容：撰写一篇关于三只松鼠的博客文章。

2. 实训目的：加深对搜索引擎营销的了解，尝试搜索引擎营销方法。

3. 基本步骤：(1) 确定主题内容和需要优化的关键词；(2) 撰写相关的文章并发布在博客上；(3) 每周关注其搜索引擎收录、排名等情况；(4) 总结搜索引擎优化效果。

任务四 网络视频营销

做中学

表 2－6 所列选项中，在你认为是网络视频营销方式的选项后打钩。

表 2－6 选择网络视频营销方式的选项

选项	打钩
淘宝直播	
淘宝二楼	
微博广告视频	
微信广告视频	
网页中的横幅	
报纸中的房地产广告	
搜狐美妆中的好物品推荐	

结合知识链接的相关内容，了解网络视频营销。

知识链接

一、网络视频营销概述

随着新媒体的发展，各大企业采用新的营销思路进行产品营销。相对于图文，消费者更喜欢动态的展示。淘宝、网易考拉等众多店家已经采用视频的方式进行商品 360 度的展示。阿里巴巴在 2016 年推出了消费类直播——淘宝直播平台，消费者可“边看边买”，涵盖的范畴包括母婴、美妆、潮搭、美食、运动健身等①，较大幅度提升了购买转化率（产生购买行为的客户人数÷所有到达店铺的访客人数× 100％）②。如今，抖音、快手等短视频平台的兴起，更将“视频卖商品”发挥到了极致。

① 周梦璇．UGC 模式视频直播现象研究．长沙：湖南师范大学，2017.
② 王婵娟，王剑．电子商务数据化运营分析——以淘宝为例．卷宗，2016（10）.

（一）网络视频营销的定义

网络视频营销是指企业通过数码技术将产品营销现场的实时视频图像信号和企业形象视频信号传输到互联网上，同时将各种视频短片以各种形式放到互联网上，达到一定宣传目的的营销手段。网络视频广告的形式类似于电视视频短片，而平台在互联网上。在新媒体背景下，企业借助计算机、手机、数字电视机等各种网络终端通过各种视频短片向消费者展示信息和服务。

（二）网络视频营销的发展趋势

自 2006 年步入发展元年开始，中国的网络视频行业已经走过 13 年的发展历程。纵观这十几年的发展历程，网络视频和营销紧密地结合在一起。网络视频营销的发展趋势表现在以下方面。

1. 品牌视频化

很多广告客户都希望通过视频营销方式，把自己的品牌展现出来。这个趋势非常明显。

2. 视频网络化

随着新媒体的发展，视频网络化已经成为一种趋势。

3. 广告内容化

现如今的视频网络广告已经不仅仅局限于电视剧或电影片头的广告，一种全新的广告模式开始闪亮登场。我们在视频网站看电视剧或者电影时经常会有一些广告穿插在里面，这些广告通常由剧中人物通过某一特定情境向消费者展示商品，赋予了广告独特的内容。

这种营销方式的出现，也对电商产生了深深的影响。淘宝在 2016 年推出了“淘宝二楼”，是指用户在晚上 10 点后打开淘宝 App，下拉首页，就会出现一个新的视频展示页面。从 2016 年 8 月 10 日推出“淘宝二楼”开始，淘宝已经先后上线《一千零一夜》第一季（2016 年）、《夜操场》（2017 年）、《一千零一夜》第二季（2017），这些小故事型的短视频使消费者对商品产生兴趣和购买欲望，以此来扶持淘宝商家。例如在《一千零一夜》第 22 夜“超能 EDC”的视频短故事中，淘宝通过“船员如何在 10 年才能回家的太空船中愉快地生活”主题推出了指尖陀螺、无限魔方、捏捏乐、翻滚棒等商品。

（三）微视频营销

传统的网络视频营销中的视频一般由专业团队使用专业的技术进行拍摄。随着移动互联网的发展，用户开始使用手机、平板电脑等拍摄视频并将其上传至互联网，以达到宣传的目的，这种方式被称为微视频营销。微视频营销除了成本较低以外，还有着交流互动性强、轻松有趣、精练简短以及大众平民化的特点①。例如，一位网友在抖音上分享了自己在海底捞火锅店的独特吃法：点一碗米饭，配上调料台提供的牛肉粒和番茄火锅底料，“3块钱就得到了一碗美味的牛肉饭”。这一短视频迅速走红，使得顾客蜂拥而至。

【案例2-8】

一杯可占卜的茶

2017年，喜茶、CoCo等奶茶凭借其独特的营销方式风靡网络。2018年，答案茶凭借“一杯可占卜的茶”的短视频吸引了消费者的目光。视频中展示了答案茶的饮用说明：当你心中有困惑的问题时将其写在答案茶的腰封上，心中默念5遍，当揭开茶盖时答案就会浮现在眼前。

案例思考：

答案茶为什么能够吸引消费者的目光？

（四）网络视频直播

网络视频直播是指人们可以通过网络收看到远端正在进行的现场音视频实况，比如赛事、会议、教学、手术等。② 网络视频直播的核心思想是利用既有的局域网或互联网条件实现对音视频信号的实时传输，并且能够在远端流畅地收看③。

网络视频直播市场从之前的游戏直播、娱乐直播，慢慢衍生出各大网络平台的商品销售直播。相较于商家拍摄的视频、图片，网络直播更能通过互动等方式进行双方的交流。消费者可以通过弹幕提出商品的相关问题，主播及时在直播中做出回应。这种独特的营销方式具有极大的优势，使得各大商家纷纷尝试网络视频直播，购物网站平台更是推出专门的直播板块吸引消费者，比如淘宝直播（阿里巴巴推出的直播平台，定位于“消费类直播”，用户可“边看边买”，涵盖母婴、美妆、潮搭、美食、运动健身等）。

【案例2-9】

“村红”直播抓土鸡

某村“村红”通过采用“边参观、边讲解、边玩耍”的直播模式，向网友直播山头抓土鸡、树林里捡土鸡蛋、开蜂箱取蜂蜜等场景。同时，直播中展示的相关农产品也在淘宝等电商平台同步发售，网友在网上下单后，即可实现现场称重、装车，再运至物流园区打包、发货。

---

① 苏高．移动端网络营销推广实战从入门到精通．北京：人民邮电出版社，2017.

② 乔瑞．基于FMS平台通过3G网络完成视频直播的设计与实现．哈尔滨：黑龙江大学，2013.

③ 徐怡珠．初探网络直播平台的盈利模式和可持续发展．消费导刊，2016（6）.

案例思考：

“村红”直播抓土鸡为什么能够提高销售量？

二、常用的网络视频营销平台

企业在使用网络视频营销时，可以借助平台达到最佳的效果。

（一）在线视频平台

作为传统视频平台，在线视频平台涉及范围广，涵盖影视、娱乐、体育、生活、电视直播等各方面的内容。目前，国内常用的几大在线视频平台有腾讯视频、爱奇艺、优酷土豆、搜狐视频等。

（二）短视频 App

短视频 App 是近几年兴起的短视频分享平台，如快手、抖音、美拍、秒拍等。

（三）资讯软件

常用的资讯软件有：搜狐新闻、腾讯新闻、今日头条、网易新闻、凤凰新闻等。这些平台向用户推送内容的方式不同，如凤凰新闻是根据用户兴趣及使用习惯推送内容的，今日头条是基于数据挖掘推荐产品的。

（四）社交平台

移动互联网的发展，使得越来越多的人使用社交平台，如微信、QQ、微博等。这类网络视频营销平台的传播性较强。

三、如何做好网络视频营销

（一）事件营销

事件营销是企业通过策划或组织热门人物或事件，吸引社会的关注与消费者的兴趣，以提高企业或产品的知名度、美誉度，树立良好品牌形象，并最终促成商品销售的营销方式[①]。如果企业能够利用好热门事件进行营销，企业的“口碑”营销就能获得成功。企业在利用热点事件进行营销时要注意将热点事件与企业文化、品牌或者产品关联起来。

---

① 参见百度百科“事件营销”.

【案例 2-10】

世界那么大，我想去看看

一封“世界那么大，我想去看看”的辞职信红遍微博、朋友圈、QQ 空间等。这一热点事件使得各大商家纷纷加入品牌营销大战。某扫地机器人品牌以“为什么要拦住地宝？世界那么大我想去看看啊!”为题发布了一段扫地机器人试图冲出家门的视频。虽然借助了社会热点话题，但是微博上的评论留言数并不多，没有成功地激起浪花。

案例思考：

为什么扫地机器人的事件营销方式没有获得成功？

（二）整合营销

整合营销是企业开拓市场、满足消费者需要的重要保证。它要求企业全面地组织市场营销活动，针对消费者的多方面需要，综合运用各种营销手段，包括合理地设计产品和制定产品价格、正确地选择分销方式和促销方式、做好产品的市场调研和售后的服务等，使企业的市场营销构成一个有机的整体。同时，整合营销还要求企业树立战略观念，在市场营销活动中根据市场形势和外部环境的变化，高瞻远瞩，审时度势，立足于现实，放眼于未来的全局利益和长远目标，通过研究和制定市场营销战略，提高企业随机应变、驾驭未来的能力[①]。

在移动互联网时代，单一的视频营销方式已经没有办法达到最大的营销效果。做好网络视频营销需要结合各种营销方式使功效达到最大化，企业可以和其他移动平台进行整合以达到营销推广的目标。[②]

例如《堡垒之夜》游戏通过微信朋友圈的推荐发布了一段“全球人气竞技网游《堡垒之夜》”的视频，点击了解更多或者视频就能观看完整版广告（见图 2-25）。

图 2-25 《堡垒之夜》微信广告

讨论交流：

如何利用微博、微信等平台进行网络视频营销？

① 黄洪民．现代市场营销学．青岛：青岛出版社，2002.

② 苏高．移动端网络营销推广实战从入门到精通．北京：人民邮电出版社，2017.

拓展学习

● 登录百度（www. baidu. com），输入关键词“网络视频营销平台”进行搜索，收集除教材中提到的网络视频营销平台以外的其他平台，对其进行分类并填写在表 2－7 中。

表 2－7　　网络视频营销平台情况调查表

<table>
<tr><td rowspan="12">网络视频营销平台</td><td rowspan="3">在线视频平台</td><td></td></tr>
<tr><td></td></tr>
<tr><td></td></tr>
<tr><td rowspan="3">短视频 App</td><td></td></tr>
<tr><td></td></tr>
<tr><td></td></tr>
<tr><td rowspan="3">资讯软件</td><td></td></tr>
<tr><td></td></tr>
<tr><td></td></tr>
<tr><td rowspan="3">社交平台</td><td></td></tr>
<tr><td></td></tr>
<tr><td></td></tr>
</table>

● 小组讨论：网络视频直播与传统的视频广告相比有着交互性强的特点。参考整合营销或者事件营销的相关知识，谈谈如何做好网络直播营销。

实训演练

1. 实训内容：使用手机进行短视频拍摄，并上传至短视频 App。

2. 实训目的：加深对网络视频营销的了解，尝试网络视频营销方法。

3. 基本步骤：（1）确定短视频主题和内容；（2）使用手机的拍摄功能进行短视频拍摄；（3）将短视频上传至合适的短视频 App。

项目三

社会化媒体营销

情境创设

李想、张丹和王翔使用网络新媒体营销方式后，他们的农副产品品牌得到了初步发展，迈出了成为优秀品牌的第一步。但是，这次他们好像遇到了新的难题。

“我觉得平台上的流量总归是有限的，我们要找到新的流量入口。”对市场有着敏锐直觉的李想首先提出问题。王翔也指出客户黏性不够，复购率低。每次新品上市，远没有收到期望的关注度。张丹接着说：“看来，使用微博、微信公众号等进行营销势在必行!”

于是，三人对社会化媒体营销进行了研究。

探讨

什么是社会化媒体营销呢？经过三人的认真研究，他们发现，社会化媒体营销就是利用社会化网络、在线社区、博客、百科或者其他互联网协作平台和媒体来传播和发布资讯，从而形成的营销、销售、公共关系处理和客户关系服务维护及开拓的一种方式。它对传统营销产生了巨大冲击，已被各大企业采用。常用的社会化媒体营销工具包括论坛、微博、微信、博客、SNS（社交网络）社区、IM（即时通信）。

学习目标

通过学习本项目，你应该能够：

(1) 理解论坛营销、微博营销、微信营销、SNS营销、IM营销的含义；

(2) 了解论坛营销的常用方法；
(3) 掌握做好论坛营销的技巧；
(4) 了解微博营销的优势，企业打造官方微博的四个关键；
(5) 掌握微博营销吸引粉丝的方法、与粉丝互动的技巧；
(6) 了解微信公众号的常见类型；
(7) 了解微信公众平台运营的关键；
(8) 了解 SNS 营销、IM 营销的主要方式。

任务一 论坛营销

做中学

论坛营销中对版主有何种称呼？常见的门户类论坛有哪些？常见的论坛类论坛有哪些？“90 个项目快速赚钱”是哪种常见的论坛标题设计方法？常见的论坛帖有哪些分类？在表 3-1 中勾选。

表 3-1　　论坛营销情况调查表

版主	斑竹□　斑猪□　马甲□　楼主□
门户类论坛	新浪□　搜狐□　猫扑□　大洋网□　腾讯□
论坛类论坛	天涯□　搜房网□　西祠胡同□　网易□
标题设计方法	直奔主题□　间接主题□　方式方法□　提问□
论坛帖	事件帖□　感动帖□　悬疑帖□　典藏帖□　揭秘帖□

结合知识链接中的相关内容，了解论坛营销的概念和方法。

知识链接

一、论坛营销概述

论坛营销是网店营销推广的常用方式之一。一篇可读性强的软文可以在短期内给网店带来可观的流量。找到精准的论坛投放软文，将有助于网店用户信息的收集、产品的推广和利益的转化。论坛推广几乎不需要成本，从注册到发帖都是免费的，关键是软文的质量。如果能在天涯、猫扑等大型论坛有一篇热帖，就能引起大量第三方平台转载，推广的效果就会成几何倍数增长。

（一）论坛营销的定义

论坛营销是企业利用论坛这种网络交流平台，通过文字、图片、视频等方式发布企业的产品和服务的信息，从而让目标客户更加深刻地了解企业的产品和服务，最终达到宣传企业品牌、加深市场认知度目的的网络营销活动。其实质是基于网络所进行的口碑性营销。

我们要熟悉的论坛常用术语有：版主，又称斑竹、斑猪，即版块的负责人；马甲，即论坛账号，除了主账号之外的账号；发帖，又称灌水；回帖，又称顶、飘过；看帖，又称踩楼；抢楼，又称抢沙发、板凳；楼主、楼上、楼下。

常见的论坛种类有：

（1）门户类：如新浪、搜狐、网易、腾讯、百度贴吧等。

（2）论坛类：如猫扑、天涯、西祠胡同等。

（3）行业类：如搜房网、中国智能家居网等。

（4）地域类：即地方论坛，如大洋网、小区论坛等。

（二）常见论坛帖的分类

在各大论坛中，我们总能看到各式各样的论坛帖，经过汇总归类，大致可以分成以下几类：

（1）事件帖：符合网友价值观的具备话题传播力的人物及事件的帖子。

（2）亲历帖：讲述网友身边真实的生活故事和体验的帖子。

（3）攻略帖：解决网友生活中碰到的疑难，给网友带来帮助的帖子。

（4）搞笑帖：轻松、有趣，能够让网友会心一笑的帖子。

（5）揭秘帖：能够满足网友窥探欲望，不同于官方新闻角度的帖子。

（6）悬疑帖：能够引发网友好奇心，带来不断猜测和讨论的帖子。

（7）感动帖：能够使网友感动的帖子。

（8）典藏帖：具备收藏价值的经典帖子，可能是优秀的网民原创作品（文字、图片、视频、Flash），甚至是经典的广告创意。[①]

---

① 张卫民．电子商务创业实战教程．北京：高等教育出版社，2015．

讨论交流：

图 3-1 中的帖子属于哪种论坛帖？发帖的目的是什么？要推广何种产品或服务？如何达到宣传的目的？

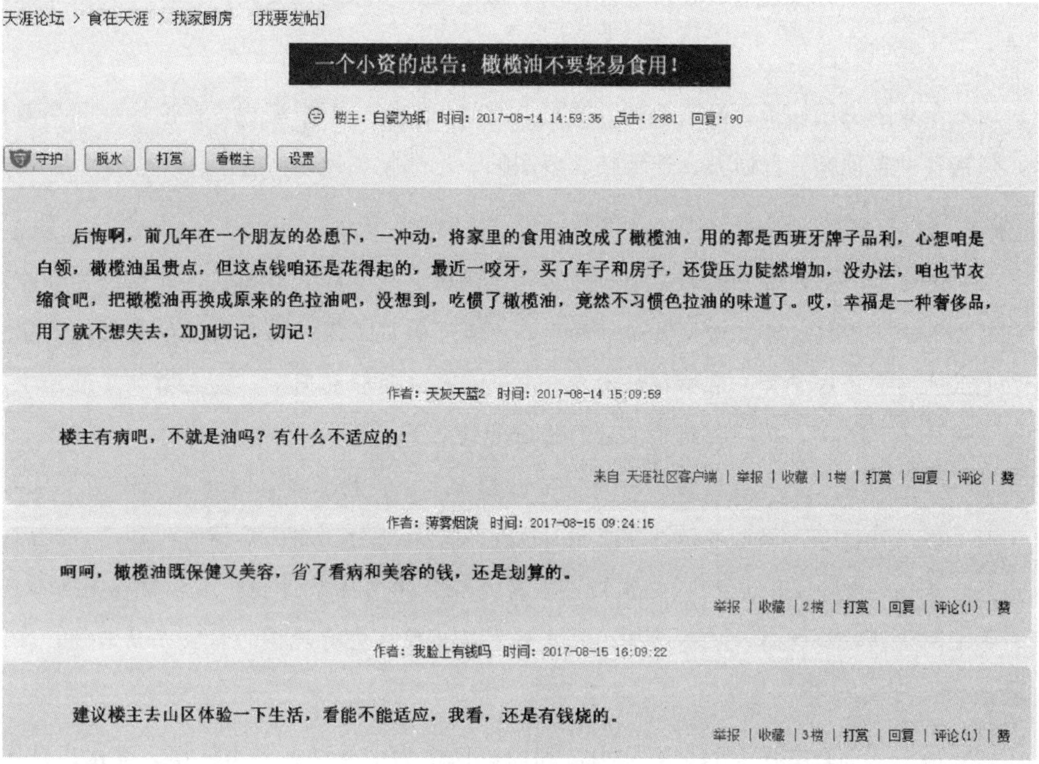

图 3-1　论坛帖

（三）论坛营销的特点

（1）利用论坛的超高人气，可以有效地为企业提供营销传播服务，而由于论坛话题的开放性，几乎企业所有的论坛营销在现阶段的营销诉求都可以通过论坛传播得到有效的实现。

【案例 3-1】

2009 年 1 月，一个消息在全球网络上不胫而走，“澳大利亚招聘大堡礁护岛人”“面向任何人的工作”“月薪 10 万美元”“喂鱼，看鲸，巡岛，写博客”“平均每周只需工作 12 小时”“入住哈密顿岛豪宅”。在经济危机席卷全球的 2009 年，这无疑是世界上最好的工作。消息一传出，全球各大报纸、电视台相继报道，200 个国家和地区的 3 万多人竞聘，招聘网站一度崩溃。经过层层筛选，英国慈善工作者本·绍索尔得到了这份工作，然而这只是一个开始，全球媒体仍然在追踪。

这不是标题党，是真实事件，是澳洲昆士兰旅游局的营销计划。由于金融危机的冲击，当地旅客量大减，同时，生态环境刚刚恢复的大堡礁的知名度大不如从前。昆士兰旅游局以 170 万美元的低成本，收获了价值 1.1 亿美元的全球宣传效应，此举为大堡礁旅游业带来了良好的收益。

（2）专业的论坛帖子要经过策划、撰写、发放、监测、汇报流程，在论坛空间高效传播，包括各种置顶帖、普通帖、连环帖、多图帖、论战帖、视频帖等。

【案例 3-2】

淘宝论坛有一个非常出色的帖子——《为了淘宝，老婆辞了 IBM!》，此帖的内容先后更新过几十次，字数过万，回帖量超过两千，浏览量接近五万，在不同时段既上过淘宝首页，也上过淘宝论坛首页。该帖在给淘友分享网店创业历程的同时，大大增加了帖子主人在淘宝论坛的曝光率，从而收到了很好的论坛营销效果。

这个帖子的主人是一个经营药妆的淘宝五钻卖家，严格来讲，应该是男女两个主人，男主人主要是写帖子，偶尔帮忙打理店铺，女主人是真正打理淘宝店铺的。帖子讲述的是他们药妆店铺的整个成长历程，内容相当丰富：从做淘宝买家讲起，然后辞掉 IBM 的工作，走上淘宝药妆经营路；从一个很小的店铺发展为现在较有规模的淘宝五钻店铺，在淘宝药妆行业内位居前列。

（3）论坛活动具有强大的聚众能力，利用论坛作为平台举办各类踩楼、灌水、贴图、视频等活动，调动网友与品牌之间的互动。

（4）事件炒作。通过炮制网民感兴趣的活动，将客户的品牌、产品、活动内容植入传播内容，产生持续的传播效应，引发新闻事件，导致传播的连锁反应。

【案例 3-3】

2008 年 5 月 18 日，在中央电视台《爱的奉献》抗震救灾大型募捐活动现场，加多宝集团副总经理阳爱星代表公司向四川灾区捐款一亿元，顿时成为人们关注的焦点。2008 年 5 月 19 日，网友“狂飙吧蜗牛”在天涯社区“天涯互助—汶川地震”发表帖子《让王老吉从中国的货架上消失！封杀它!》：“王老吉，你够狠！捐一个亿，胆敢是王石的 200 倍！为了整治这个嚣张的企业，买光超市的王老吉！上一罐买一罐！不买的就不要顶这个帖子啦!”这个“正话反说”的“封杀王老吉”的帖子发出后，迅速成为最热门帖，很多网友看到标题后本来是要进去愤怒驳斥的，但看到具体内容后却都会心一笑并热情回帖，紧接着，帖子几乎传遍国内所有的社区网站与论坛。3 个小时内百度贴吧关于王老吉的发帖超过 14 万个。

（5）运用搜索引擎内容编辑技术，不仅能使内容在论坛上有好的表现，也能在主流搜索引擎上快速寻找到发布的帖子。

（6）适用于商业企业的论坛营销分析，对长期网络投资项目的组合应用，精确地预估未来企业的投资回报率以及资本价值。

二、论坛营销常用方法

论坛营销就其本质而言是基于网络所进行的口碑性营销，通过一系列的口碑推广计划，让消费者自动传播产品和服务的良好评价，从而让人们了解产品，树立品牌，提高企业认知度，达到企业销售产品和提供服务的目的。因此，在进行论坛营销时要注意标题设计方法、内容设计方法和跟帖回帖方法。

（一）标题设计方法

网民浏览论坛的时候，首先接触到的是帖子的标题，标题“诱人”与否直接决定了帖子是否会被点击浏览。好标题的最高境界在于，用最准确的字词来表达最精确的内容，不要哗众取宠，更不要做标题党。如果你的标题呈现了一些信息，但在内容中没有找到，那么读者就会离开。

在设计标题时，要体现出四要素：

（1）标题要极具吸引力（新、趣、悬、奇）。

（2）标题要有一个核心的卖点（知识点、吐槽点、笑点、趣味点、共鸣点）。

（3）要以用户的感受或体验为中心。

（4）制造需求和引导消费。

常见的标题设计方法如下：

1. 直奔主题

本色出现，直奔主题，简单粗暴，但缺少悬念设计。

例如：“90%的海边溺水都是因为它”“最靠谱的水果减肥食谱，三天必瘦”。

2. 间接主题

对前一种主题使用一定的手段进行调整，借鉴标题党的精神，增加悬念感，容易被人注意，但也容易被误解。

例如：“为什么宝宝会走路了反而更喜欢抱？知道缘由后你会不忍拒绝”“癌症原来只是一种这样的病，我看完之后不再害怕了”。

3. 方式方法

传达知识，追求夸张的效果，但是读者看完内容可能会发觉没有标题说得那么神，会有落差。

例如："十大最没用的家居用品""教你几招，突破最后的高温围攻"。

4. 提问

以一种楚楚可怜的姿态提问，博取同情，隐匿性强，容易获得注意，但是如果功底不深，则达不成营销目标。

例如："求救，产后如何快速恢复身材?""为什么她们不爱运动，身材却都那么好"。

讨论交流：

尝试在相关论坛上查找论坛标题，分析其是否涵盖了标题四要素，以及运用了哪种标题设计方法。

（二）内容设计方法

在设计论坛营销帖子内容时不可能用一种方式或一个招数"吃遍天下"，那如何有针对性地设计内容呢？我们可以围绕标题中有争议的场景展开，在一个完整的产品使用场景下，传达产品对于消费者的重要性，并在主帖结尾为回复设置悬念。由于产品信息传达也可发生在回复中，因此在内容中将产品使用场景叙述清楚即可，不需要加入过多的产品信息，以免引起网民的反感。

帖子内容撰写方法如下。

1. 一问一答式

提出一个问题之后给予解答，在解答的同时不知不觉地提到你的产品。

2. 假引名言式

在说明一个问题的时候把几句话用引号引起来，然后说这句话是某个名人说的。

3. 情感动人式

软文的情感表达由于信息传达量大，针对性强，更可以让人心灵相通。

4. 极度恐吓式

恐吓软文属于反情感式诉求，情感诉求美好，恐吓直击软肋。

【案例 3-4】

天涯社区中有一则手机帖子《华强北远望 TB 手机知识帖与每日报价，供各位参考，降低网购风险!》。楼主"乾坤何错"对手机行业很熟悉，也确实在华强北一线待过，肚子里有货，本着帮助用户的目的认真负责地回答网友的提问，致使帖子从 2012 年开帖，一直活跃到 2015 年，长达三年之久。

帖子内容直白，能被受众看懂，楼主懂得与用户互动，能站在用户的角度帮助他，取得他的信任，用户不会认为在被楼主引导，而是在被人帮助，继而被更多人追捧。在网友提出想要淘宝链接或 QQ 沟通时，楼主没有直接透露，体现其高明之处。为什么呢？如果写了，帖子内容沟通的氛围势必下降，下降后将影响帖子质量，人数会减少，价值量会降低，此外，楼主的神一样存在的人设会被世俗化，还可能被人攻击为广告帖。

讨论交流：

论坛帖子内容的设计需要注意哪些事项？

（三）跟帖回帖方法

1. 跟帖技巧

在跟帖操作中，楼主可以借助主帖内容进行连载，把在主帖中没有表述的内容通过跟帖的形式进行阐述，避免主帖篇幅冗长。此外，还可以注册多个马甲，对主帖中没有表述出来的营销信息通过“第三人”转述出来，增加可信度，同时避免在主帖中出现过多的营销信息，规避广告帖，防止被版主删帖（见图 3－2）。

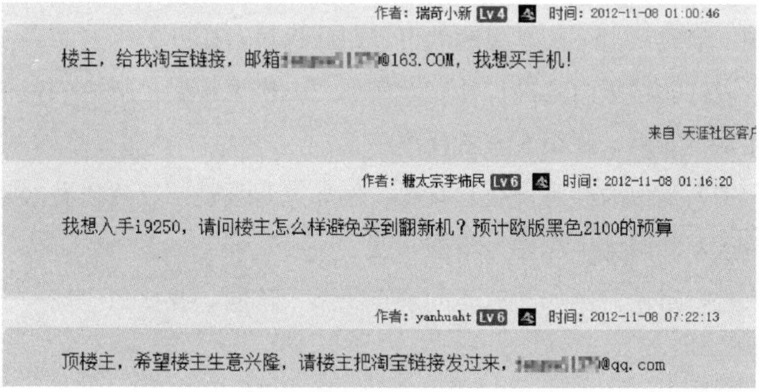

图 3－2　跟帖

讨论交流：

跟帖中回复哪些内容可以达到营销目的？

2. 回帖技巧

回复别人的帖子也是有技巧的。先要看那篇帖子有没有意义，如果是一个垃圾帖，你看都不看就回复“好帖”，很多人都会骂你。但是对于质量高的帖子或者论坛管理人员发的帖子你来顶一下，并且顶的内容要加一些赞扬的话语，他会很高兴，有个愉快的心情是建立良好人际关系的基础（见图 3－3）。具体技巧如下：

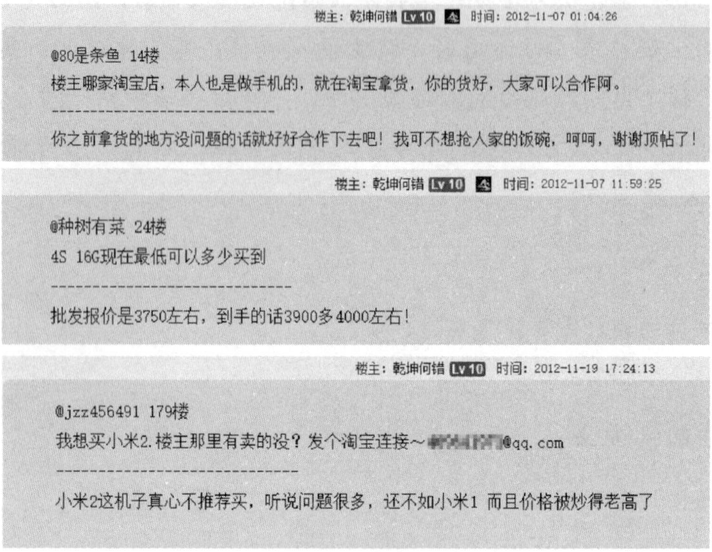

图 3-3 回帖

(1) 总结他人说的话，真心赞美。例如“看到楼主的照片，好漂亮，可惜脸上的雀斑有点多，推荐你去试试××的祛斑霜，这里就有的，http：//……”

(2) 针对别人的观点进行提问。例如“说得没错，不诚心的商人只会把路越走越窄，最终走进死胡同，但我认为……有想法的可以跟我探讨，ID：×××。”

(3) 对别人提到的帖子内容进行补充。例如“二楼说得倒是挺好的，但你提到的直播课堂可能有些朋友不知道，我跟大家解释下。”

(4) 叙述和别人类似的经历，引起共鸣。例如“非常赞同！我也曾经遇见这种事，好不容易接了个单子，却因为生产能力不够，黄了……”

(5) 和别人进行辩论。例如“二楼的观点我不太认同，我认为应该……”

讨论交流：

尝试去相关论坛查看帖子，思考在回帖中如何加入营销元素。

三、如何做好论坛营销

（一）论坛营销的一般流程

(1) 有全国各大知名专业性网站的注册账号，即马甲。根据企业的不同产品注册相关论坛账号，更加有利于产品的推广营销。

(2) 每个论坛的马甲要不低于 10 个，这是保证前期炒作的条件。不同产品、不同营销事件所需的马甲数量不定。如知名品牌进行论坛营销无须过多马甲，即可产生效应；而普通企业在论坛推广产品时，则需要多一些马甲配合。

（3）要在各大型论坛有专门的人员管理账号、发帖、回帖等。经常发帖、回帖是为了融入论坛核心，积累更多的威望，在进行论坛营销时，会有很多资源辅助开展。

（4）策划的题目要新颖，也就是要有创意。有一定的创意才能吸引读者。营销主题比较重要，是开展论坛营销的关键。策划主题如果比较好，无须费力即可达到预期的效果。

（5）标题是敲门砖，策划的题目要有一定的吸引性，能吸引读者。

（6）策划的内容要具有一定的水准，网友看了之后觉得有话要说才行。论坛营销现阶段已经很热，逛论坛的网民也深知论坛营销的目的。

（7）要积极参加回复，鼓励其他网友回复，也可以用自己的马甲回复。网友的参与是论坛营销的关键环节，如果策划成功，网友的参与度会大大提升。通常企业在论坛做活动营销居多，可利用一些企业产品或礼品激励网友参与。

（8）要正确地引导网友的回帖，不要让事件朝相反的方向发展。要具体情况具体分析，有时在论坛产生争论也未必是件坏事。特别是对于不知名企业，通过论坛途径演变成大范围病毒式营销，知名度会有很大提升。

（9）要仔细监测营销效果，同时注意改进，这相当于一个细致的数据分析和用户群体分析。通过一次营销，会总结出很多问题，下次策划时可以借鉴；不同领域用户群体的习惯不同，方式方法并不通用。

（10）要及时和论坛管理员沟通交流。与各大论坛的管理员和版主熟悉有助于论坛营销的开展。经常发帖、回帖会与这个圈子近距离接触，和管理员、版主有很好的沟通机会。有资源辅助，论坛营销会开展得更顺利。

讨论交流：

选择一个论坛，尝试策划一个论坛营销帖。

（二）论坛营销技巧

1. 选择合适的论坛

选择有自己潜在客户的论坛，选择人气旺的论坛，选择有签名功能、链接功能和修改功能的论坛。

2. 借助于他人的热帖

创造出受欢迎的帖子不是一件容易的事情，可以在论坛上寻找精华帖及回帖率较高的帖子，再拿到其他论坛进行转帖，并在帖子末尾加上自己的签名进行宣传推广。

3. 长帖短发

一般论坛中看帖的人是没有太多耐心的，太长的帖子，不管有多大的吸引力，都很少有人能够看完。因此要长帖短发，将一帖分成多帖，每隔一段时间发一帖，让人有期待感，但是不要超过 7 帖。

4. 发广告要巧妙

帖子发表时不要一开始就发广告，这样的帖子很容易被当成广告帖删除，可以利用长帖短发的方式，在跟帖中发布广告。

5. 用好头像和签名

可专门设计一个头像，签名可以加入自己网站的介绍和链接，宣传自己的品牌。

6. 利用回帖功能

如果要在回帖中发广告，一定要争取在前 5 位回帖，这样被浏览的概率很高，可以寻找刚发布不久的新帖进行跟帖。

7. 适当顶一把

在论坛中，为了帖子的气氛和人气，可以适当找个托，帮自己顶一下，当然也可以自己注册多个马甲进行回复，多回复一些和产品无关的帖子，灌点水。

讨论交流：

除以上论坛营销技巧外，在进行论坛营销时，我们还要注意哪些禁忌呢？

拓展学习

● 登录百度搜索（www.baidu.com），查找国内知名论坛，填写表 3-2。

表 3-2　国内知名论坛

论坛名称	网址	论坛名称	网址

● 小组讨论：尝试分析你所查找的论坛分别适合哪些产品或服务的推广。

实训演练

1. 实训内容：为某网店在天涯论坛上进行论坛营销推广。

2. 实训目的：通过论坛营销实践操作，理解论坛营销的概念，掌握论坛营销的常用方法和技巧。

3. 基本步骤：（1）登录天涯论坛进行注册；（2）为一家专门销售年轻女性服装的淘宝网店在天涯论坛上开帖推广。

任务二　微博营销

做中学

表 3－3 中哪些平台曾经提供过微博营销服务？在其后面打“√”。你认为目前哪个平台的微博影响力最大，在其后面打“○”。

表 3－3　　微博营销情况调查表

选项	标记	选项	标记
新浪		新华微博	
新华网		阿里巴巴	
网易		腾讯	
360		搜狐	

结合知识链接的相关内容，理解微博营销的含义。

小知识：

微博发展简史

中国国内主要有四大微博平台，分别是新浪、腾讯、网易和搜狐。其中用户基数最多、流量占比最大的微博平台是新浪。新浪凭借其强大的用户量，成为新媒体营销的最佳选择。

新浪微博是一款为大众提供娱乐休闲生活服务的信息分享和交流平台，于 2009 年 8 月

14日开始内测。2009年9月25日，新浪微博正式添加了@功能以及私信功能，此外还提供“评论”和“转发”功能，供用户交流。

新浪微博采用了与新浪博客一样的推广策略，即邀请明星和名人加入开设微型博客，并对他们进行实名认证，认证后的用户在用户名后会加上一个字母“V”（认证个人字母V为金黄色，认证企业字母V为深蓝色），以示与普通用户的区别，同时也可避免冒充名人微博的行为，但微博功能和普通用户是相同的。

2011年3月，启用短域名t.cn服务。

2011年4月，新浪微博独立启用微博拼音域名weibo.com，同时启用新版Logo标识。

2013年1月，新浪微博与网易有道达成战略合作，网易有道成为新浪微博首家翻译合作伙伴，为超过4亿用户提供免费外语微博翻译服务。

2013年4月，新浪公司的子公司微博公司与阿里巴巴集团的子公司阿里巴巴（中国）签署战略合作协议。

2013年8月，新浪微博与淘宝在北京召开产品合作发布会，推出新浪微博淘宝版，实现账号互通，淘宝卖家可在新浪微博淘宝版直接发布商品，并通过后台进行商品管理及商情监控。

2016年1月，新浪微博公司首席执行官王高飞在其个人微博透露，新浪微博将取消140字的字数限制，不过，首页信息流里面仍然只会显示140字，不影响阅读。发布时若超过140字，系统会有提示。

2018年5月，新浪微博加大力度处理热搜榜、热门话题榜刷榜行为，对直接受益者进行处罚。

2018年6月，新浪微博推出短视频App“爱动小视频”。

知识链接

一、微博营销概述

微博是微型博客（microblog），它是基于用户关系进行信息分享、传播以及获取的平台（见图3-4）。微博营销是微博催生的新兴营销方式，利用微博平台与大家交流，向每一个听众（粉丝）传播企业、产品的信息，树立良好的企业形象和产品形象，达到营销的目的。随着微博的火热，越来越多的人注意到微博营销背后巨大的商业价值。

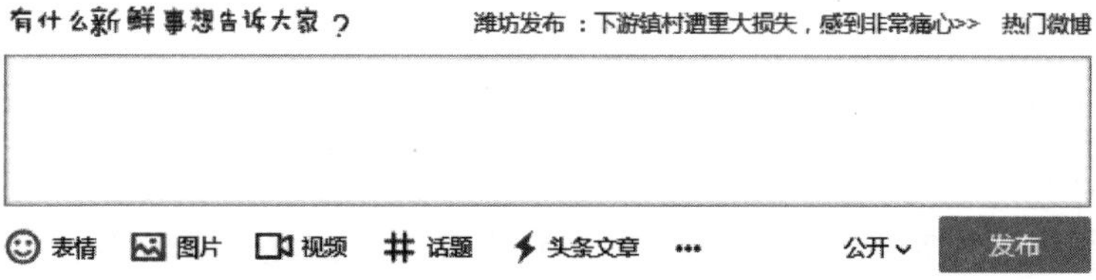

图 3-4　微博发布

二、微博营销的概念和优势

（一）什么是微博营销

微博营销是指通过微博平台为商家、个人等创造价值的一种营销方式，也指商家或个人通过微博平台发现并满足用户的各类需求的商业方式。

在微博平台上，用户只需要用很短的文字就能反映自己的心情或发布信息，这种便捷、快速的信息分享方式使得大多数企业与商家开始抢占微博营销平台，利用微博“微营销”开启新媒体营销市场的新天地。

（二）微博营销的优势

微博是从一个单纯的社交和信息分享平台转化而来的。在新媒体营销时代，微博凭借其巨大的商业价值属性成为企业重要的网络营销工具。微博营销的优势主要体现在以下几个方面。

1. 操作简单，使用方便

微博的应用非常简单，迎合用户行为模式，一键转发、评论较为方便，并且每一条微博的内容都比较精练，没有以往的长篇大论，对于忙碌的上班族而言再适合不过了，使其能够在短时间内关注到焦点事件。不仅如此，微博开通的多种 API（应用程序编程接口）能够让用户之间实现即时分享，用户可以通过手机、E-mail、Web 等方式发布短消息，分享身边的事和物，让更多的人参与进来（见图 3-5）。

图 3-5　微博应用

2. 多媒体信息，审美阅读

微博营销过程中注重创意，创意内容中往往需要利用多媒体技术。而微博本身就借助了先进的多媒体技术手段，企业或者营销者可以以文字、图片、声音、视频等多种展现形式对产品进行描述，让创意更加生动，更加有内容，从而使潜在消费者更加容易接受信息，更加有力地树立企业形象。不仅如此，丰富多彩的创意内容更能防止出现审美疲劳，利于用户阅读以及体验（见图 3－6）。

图 3－6　微博多媒体信息

3. 用户群体广，更易传播

微博用户本身日益剧增，用户群体比较广泛，企业能够更加快速地寻找到受众目标，针对性较强，并且能够精准到营销受众，通过对粉丝的积累，有效地利用众多粉丝的关注进行病毒式传播，不断提高影响力。不仅如此，企业与企业之间，企业与名人明星之间同样能够进行合作，这样产生的效益更广、更为突出，会获得更多微博用户的关注以及得到更广泛的传播。微博的功能也较为强大，一键转发便能够实现分享。

【案例 3－5】

@可口可乐

2013 年的夏天是热闹的，因为可口可乐在全国掀起了一场“换装”热潮。可口可乐利用互联网上的热门词汇推出了一系列“昵称瓶”新装，诸如“文艺青年”“小清新”“学霸”“闺蜜”“喵星人”等几十个极具个性又符合特定人群定位的有趣昵称被印在可口可乐的瓶标上（见图 3－7）。

在新浪微博上，可口可乐最初借助媒体明星、草根大号等意见领袖进行内容的预热，

图 3-7　可口可乐微博

赠送了印有他们名字的“昵称瓶”，于是他们纷纷在社交网络上晒出自己独一无二的可口可乐定制昵称瓶。一时之间，各个明星粉丝和普通消费者纷纷在微博上求可口可乐定制昵称瓶，表示要过一下“明星瘾”或自己留作收藏等，更有部分网民表示希望用来向自己的暗恋对象表白。

继第一波社交平台悬念预热，第二波官方活动以五月天深圳演唱会为标志正式启动。第三波高潮利用社交商务在微博上维持活动的热度。可口可乐与新浪微博微钱包一起合作推广可口可乐昵称瓶定制版，让更多普通的消费者也可以定制属于自己的可口可乐昵称瓶（见图 3-8）。

图 3-8　昵称瓶定制

第一天，300 瓶可口可乐，1 小时被抢光。第二天，500 瓶可口可乐，30 分钟被抢光。第三天，500 瓶可口可乐，5 分钟被抢光。接下来几天，都是在 1 分钟内秒杀完毕。

这是让人震惊的数字，而且呈现出越来越快的趋势。前三天一千多的销量，已经产生新浪微博五千多的分享与讨论。于是有更多的网友知晓并且参与到活动中来，如同滚雪球一样，知道和参与的人越来越多，抢购一空的时间也越来越短。这也正是社交网络的真正吸引人之处，依靠口碑带动品牌与产品影响力的几何级的递增。

在微博上定制一瓶属于你的可口可乐，从“线上”微博定制瓶子到“线下”消费者收到定制瓶，继而通过消费者拍照分享又回到“线上”，O2O 模式让社交推广活动形成一种长尾效应。

> **案例思考：**
> 可口可乐的案例体现了微博营销的哪些优势？

4. 成本较低，效益高

微博营销之所以得到数百家企业品牌的青睐，不仅是因其用户群体广，更是因为营销成本问题。微博营销注重线上活动策划，在这方面相对而言，消耗的人力以及物力成本较小（见图 3－9）。正因为用户群体广泛，能够精确锁定受众目标，因此营销过程更加高效，收益自然较高。当然，成本高低、收益高低还需要考虑主题策划的四要素，即时间、地点、人物、事件。这四要素都必须经过深思熟虑，需要全面思考以及慎重做出选择。

图 3－9 微博营销

三、企业打造官方微博的四个关键

（一）官方微博的装修

微博营销有成本低、传播快等传统营销方式不具备的优势。但微博营销是把双刃剑，用好了威力无边，但利用不善，利器也会伤及企业自身，最终导致负面的影响。因此企业必须了解并灵活运用微博营销特有的方法和思路。微博营销要提高转化率，必须要注重官方微博的主页装修，如图 3－10 所示。

图 3－10　微博主页装修

1. 微博模板

模板的设置一般遵循两个原则：美观性原则和一致性原则。

2. 个性域名

个性域名应谨慎选取，一经确定将无法修改。个性域名最好与官方网址保持一致，没有官方网址的可以用英文名或微信号，便于粉丝记忆（见图3－11）。

图3－11 个性域名

3. 微博昵称

微博昵称不宜过长，不能超过7个字，最好压缩在4个字以内。

微博昵称尽量要与定位一致，让消费者知道你是做什么的，从你这里可以买到什么。

微博的昵称设置先要考虑用户搜索的习惯。用户一般搜索行业或产品，不会直接搜索昵称，因此可将昵称设置为“姓名＋行业＋产品”。

4. 微博头像

微博讲究有头有脸，无论是个人还是企业，都应该以真面目示人。若是品牌的微博，可用Logo作为头像（见图3－12）；若是店面的微博，可用店面或商品图片作为头像（见图3－13）；若是连锁品牌，可以连锁品牌或标识作为头像（见图3－14）。子账户微博头像可根据自身的属性设置，切忌频繁变动。

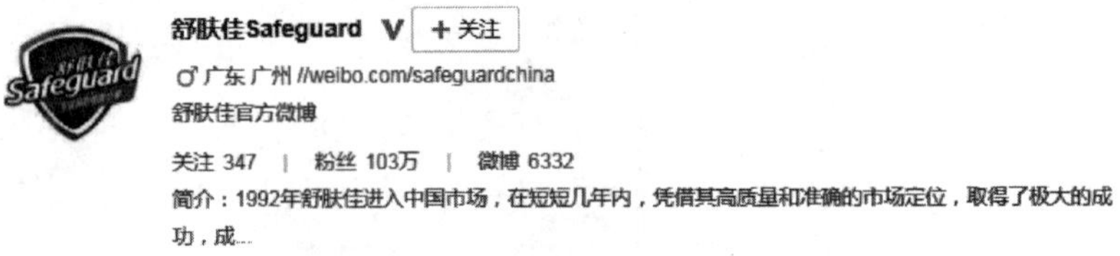

图3－12 微博头像1

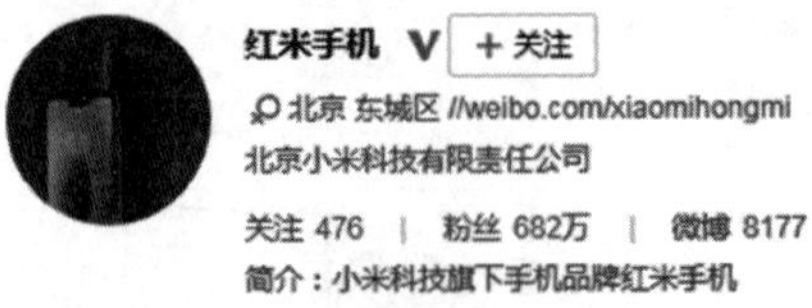

图3－13 微博头像2

图3－14 微博头像3

5. 认证信息

认证后的微博可提高真实性，增加权威性，提高曝光率。所以，应争取企业蓝V标志。

6. 微博简介

微博简介让浏览者对企业有更直观的认识。企业可以根据自己的产品准备很多词组，去掉个人标签用掉的几个，剩下的就可以写进微博简介。简介后面可加微信号、QQ号等，但不要附网络地址，因为对手机用户来说简介中的网址无法直达。

7. 基本资料

完善个人标签、个人介绍、头像、工作信息、职业信息等基本资料，能够增加用户的信任感。最好绑定手机，充分利用好微博的高级功能。

8. 微博标签

微博标签有两种作用，即展示效应和搜索效应。匹配度越高，曝光率越高。

个人标签可以设置10个词（见图3-15）。设置6个完整的关键词，如美白类的标签，站在消费者的角度，可以设为“美白”“养颜”“祛斑”“消痘”“瘦身”“去疤”等。后面4个词就把一个词分开写，如“美”“白”“痘”“消痘”等。这样做的目的是让一个字能匹配到标签，两个字也能匹配到标签，三个字也能匹配到标签。

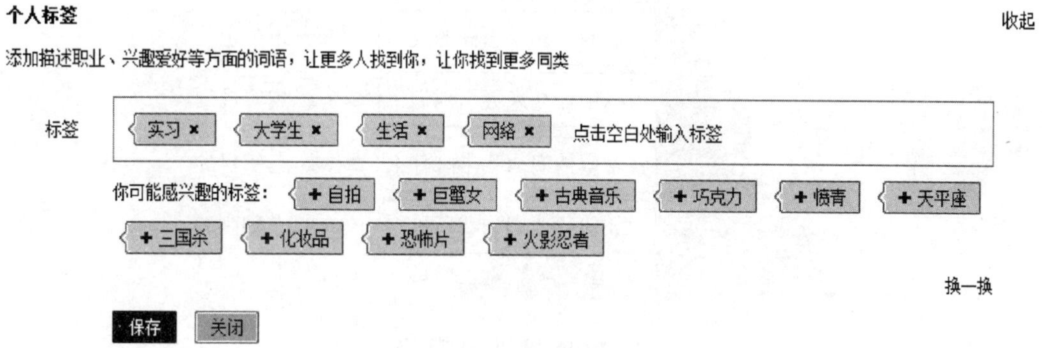

图3-15　个人标签

9. 公告栏目

建议企业微博可利用公告栏放置告示性文章，如通知、活动信息等。

10. 门店位置

设置线下门店地址，可增加消费者的信任。

11. 微客服

微客服最多可设置5个，让有需要的粉丝能够及时找到你。

12. 友情链接

友情链接包括官方商城、天猫店、淘宝店、企业官方网站等。

13. 置顶微博

置顶微博包括明星代言、近期活动、促销信息等企业重要内容。

14. 图片展示

展示企业宣传、品牌信息等图片。

15. 领导人/员工/子品牌

展示企业领导人的微博，但该微博需要保持更新，因为其代表企业形象。

16. 微博广告牌

微博广告牌类似 QQ 空间的背景设计，利用其进行宣传的前提是开通会员。开通会员后可以设置自定义背景，并将二维码、电话号码、网店地址、QQ 号等写在广告牌中，便于进入微博主页的粉丝第一眼就能看见。

（二）官方微博的内容规划

企业官方微博装修好后，接下来应该怎么规划内容建设呢？应先明确信息的受众，再通过分析他们的喜好来规划内容（见图 3－16）。

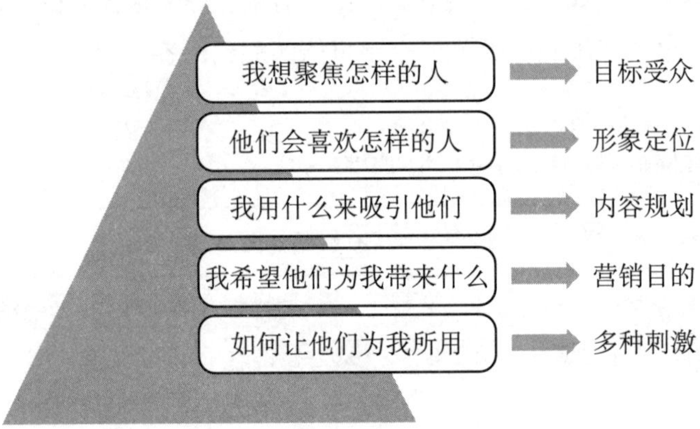

图 3－16 微博内容规划

资料来源：付珍鸿．网络营销．北京：中国工信出版集团，电子工业出版社，2017.

在确定官方微博的主要目标受众后，确定内容规划前，需要对微博内容进行明确的规划界定，即微博内容的“三不要三要”原则。

1. 三不要

对于一个官方微博，拉近与目标客户的距离、促进产品销售，有三个雷区：不要违反国家法律法规、不要违反《广告法》、不要涉及黄赌毒；不能诋毁竞争对手、不能泄露本企业机密；莫谈敏感话题。

2. 三要

官方微博的内容要有趣、有用、有益。官方微博开通后，如何吸引粉丝？如何与粉丝互动？如何阻止粉丝取消关注？关键在于微博内容的规划。微博运营人员需要时刻谨记，甚至每天都可以问自己：目标客户是谁？他们对什么感兴趣？官微能给他们带来什么好处？只有客户感兴趣的内容与企业品牌产品相关联，才是微博的重点主推内容。心中有客户，运营才能长久。

【案例 3-6】

WIS 护肤，目标人群为 18～30 岁的肌肤受损的年轻人，定位为肌肤护理专家，广告语是"为年轻而生"。自称小希，目标客户叫希粉。年轻人关注时事趣闻、明星八卦、恋爱求职、护肤美容、游戏动漫等，而 WIS 护肤希望希粉了解自己的产品功效、促销活动、使用者证言、买家秀等。两者结合，WIS 护肤规划了五个固定栏目符号进行标识：小希早安心语、WIS 护肤讲堂、小希轻松一刻、小希分享、小希说晚安。

案例思考：

借鉴以上案例，尝试策划几个官微固定栏目。

微博的表现形式通常有以下几种：

发资讯：硬广告，如公布企业品牌、产品、服务等。

发知识：产品本身知识、操作技巧、品牌故事、品牌知识等。

发互动：如与粉丝展开讨论、逗乐、鼓励转发官微内容、发放奖品等。

发整合信息：资讯+知识+互动等。

讨论交流：

登录微博，搜索淘宝、三只松鼠、天猫、可口可乐、滴滴出行等知名企业的官微，结合所学内容，了解其日常发布的微博表现形式有哪几种。

（三）官方微博文案撰写的五个要点

（1）简洁生动而又有实际用途或深刻含义的语言，吸引粉丝注意。

（2）用# 话题# 标签来区别不同话题内容的微博，在话题模块中增加被展示的机会。

（3）@一位或多位好友，引起好友的关注，同时与好友形成良性互动。

（4）附上 URL 链接地址，让粉丝跳转了解内容详情，给商品详情页带去流量。

（5）附上图片或视频等多媒体信息。

微博文案写作五要点如表 3-4 所示。

表 3-4　　微博文案写作五要点

要素	要求
正文	正文有趣、有用、有理
##	善用话题标签，分门别类
@	引关注，增互动
短链接	带流量，深沟通
图文、视频	附上图片或视频等多媒体信息

【案例 3-7】

如图 3-17 所示，@三只松鼠在妇女节前夕发布的这则微博两天内引起了大量的转发、点赞和评论，请你分析该文案在撰写上有哪些技巧。

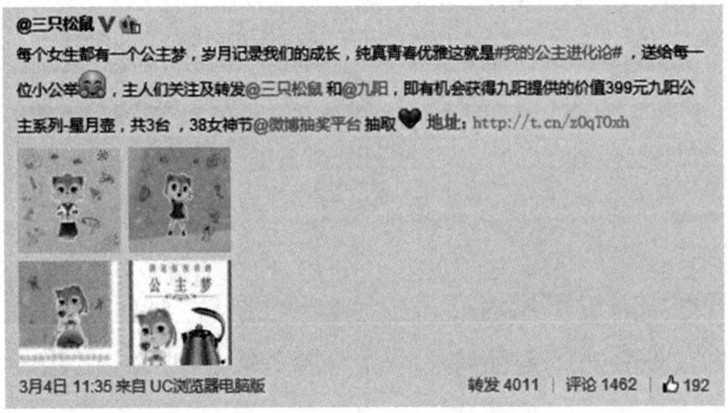

图 3-17　@三只松鼠微博

（四）官方微博的运营规划

微博运营的主要工作流程如表 3-5 所示。

表 3-5　　微博运营主要工作流程

阶段	主要项目		工作明细	人员分工
前期	微博开通		选择注册	编辑人员
	微博装修		头像、背景、昵称、标签等资料完善	
	微博认证		向微博平台提交认证申请	
中期	运营日志		每天的粉丝、转发、评论	编辑人员
	内容建设	企业相关信息	企业动态、领导新闻	
			新品上市、活动促销	
			产品相关小知识	
		受众相关信息	根据用户群体来选择女人话题、男人话题，或者笑话等大众话题	

续前表

<table>
<tr><th>阶段</th><th colspan="2">主要项目</th><th>工作明细</th><th>人员分工</th></tr>
<tr><td rowspan="12"></td><td rowspan="4">活动策划</td><td>独立活动</td><td>自身发起的各种微博活动</td><td rowspan="7">BD（商业拓展）人员</td></tr>
<tr><td rowspan="3">联合活动</td><td>其他微博账号</td></tr>
<tr><td>媒体机构</td></tr>
<tr><td>跨部门合作</td></tr>
<tr><td rowspan="4">外部推广</td><td>红人转发</td><td>红人外包转发</td></tr>
<tr><td>官网广告</td><td rowspan="2">内部资源配合</td></tr>
<tr><td>EDM（电子邮件营销）推广</td></tr>
<tr><td>站外论坛</td><td>相关热门论坛推广</td><td rowspan="5">编辑人员</td></tr>
<tr><td rowspan="4">客服工作</td><td>处理投诉</td><td>紧急投诉及危机公关</td></tr>
<tr><td>资讯答疑</td><td>解决用户资讯的问题</td></tr>
<tr><td>奖品券发放</td><td>活动结束后续处理</td></tr>
<tr><td>粉丝互动</td><td>评论/转发用户留言</td></tr>
<tr><td rowspan="3">后期</td><td rowspan="2">总结分析</td><td>运营数据分析</td><td>每周、每月微博各项数据指标分析</td><td rowspan="2">编辑、BD人员</td></tr>
<tr><td>活动分析总结</td><td>活动结束后数据分析</td></tr>
<tr><td>目标检查</td><td>目标考核分析</td><td>结合载体目标定期阶段性检查</td><td>运营负责人</td></tr>
</table>

资料来源：付珍鸿．网络营销．北京：中国工信出版集团，电子工业出版社，2017.

1. 发布数量

一般官方微博每日发布数量以 5～8 条为宜，太少达不到运营效果，太多会造成对粉丝的干扰，容易被取消关注。这个“每日”包括周六、周日。

2. 发布时间

发布时间一般定在粉丝活跃度较高的时间段，目标客户是上班族时，可以依据其出行规律进行发布（见图 3－18）。如第一条在上午 7～8 点，第二条在中午休息时间11～13点，

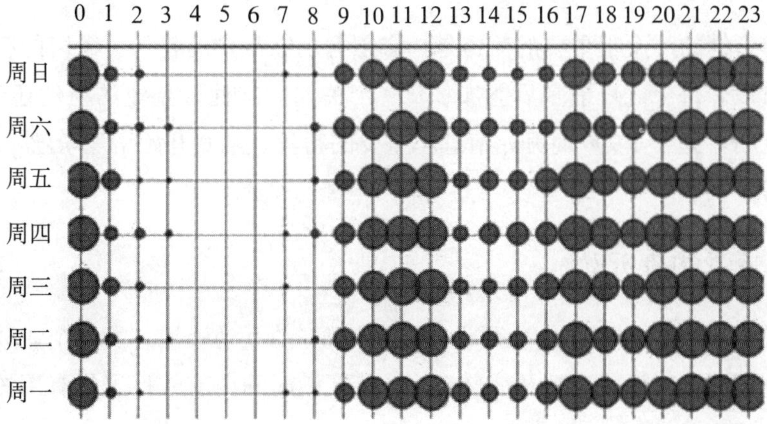

图 3－18　某微博营销大号的发博时间

第三条在下午茶时间15～16点，第四条在下班途中18～19点，第五、六条在临睡前20～23点。新鲜热点即时发布。

3. 互动运营

在微博中@大V或你的忠实粉丝，增加微博曝光率或互动性。

对于微博私信，应遵循以下六大原则：

（1）及时原则：第一时间回复，快速反应是王道。

（2）分类原则：面对目标微博进行分类整理。

（3）对等原则：私信双方地位对等。

（4）互动原则：建立多层次的沟通互动机制，包括@私信、转发评论及QQ、电话等整合应用。

（5）闭环原则：每个客户的情况都要是闭环。

（6）持续原则：生意不成仁义在，不成交的顾客也持续沟通。

4. 舆情监控

每天对企业及竞争对手进行关键词搜索与监控，对于提及企业品牌的用户，进行关注、互动、沟通、评论、转发。对于用户的负面评论，及时做好危机公关处理。

5. 建立资料库

每个企业的官方微博都应该建立自己企业微博的资料库，资料库的作用主要是存储及共享。建立资料库不仅能够方便内容的摘用，还能建立企业自己的文档库，为企业打造属于自己的观点集及知识库。将这些资料共享，不仅能促进微博工作的进展及企业内容的学习，也是对企业成长及微博运营成果的一种见证。

6. 数据分析

关注后台数据，监控微博粉丝涨跌趋势、微博活动举行效果等。

四、官方微博如何吸引粉丝[①]

企业微博营销的一个很重要的前提是，必须有足够数量的粉丝。微博的粉丝量决定了微博的不同阶段。每个账户最多只能加2 000个关注。因此，企业的粉丝还没有到1 000时全部诚信互粉，到了1 000时开始清理不重要的粉丝。从0开始增加粉丝，有10个方法可供借鉴参考。

（一）从企业内部开始

每个人的背后都有人际交往关系圈，这就是很好的互动资源。发动企业员工及员工背后的一切有利资源进行微博互动及信息交流，能在短时间内有效地聚集有用的粉丝，由员

① 付珍鸿．网络营销．北京：中国工信出版集团，电子工业出版社，2017．

工带来的粉丝在某种程度上会下意识地关注自己认识人的公司微博状态。

【案例 3-8】

@凡客

随着 Web2.0 时代的到来，凡客成了微博营销试水的排头兵。凡客顾客定位三十岁左右，喜欢创新和新鲜事物，这个人群也和微博用户人群重合。凡客公司当时动员员工进行注册，仅仅一个下午的时间就开通了一百多个微博账户：@VANCL 粉丝团、@凡客诚品、@VANCL 帆布鞋、@VANCL 微公益、@陈年……当然，这种开通并没有严格的要求。凡客当时只是把微博作为一种交流的工具，鼓励员工参与到对企业微博平台的关注中。但出乎意料的是，凡客的微博开通后反响热烈。为了更加规范地引导微博为企业服务，凡客的微博开始有专业的管理人员进行操作和维护，负责微博的发布和回复等工作。

（二）从企业合作伙伴老客户开始

公司加盟商、供应商、合作伙伴以及意向合作伙伴、公司老客户，这些人都是对公司比较感兴趣的群体，很容易成为官方微博的首批粉丝。

（三）主动关注

首先，利用关键词查找方法，用官方微博主动关注行业名人、行业媒体、目标客户的微博，然后主动持续与更新频率较高的目标微博互动，或者私信求关注，获得精准粉丝。其次，到竞争对手微博里，主动关注与竞争对手有互动的粉丝微博。粉丝能与竞争对手互动，关注本公司微博的概率就会比较高。

（四）高质量的评价

在与行业相关的大咖微博下发表高质量的评价表明自己独到的见解或者有趣的文字，容易引起目标粉丝的主动关注。

（五）自媒体宣传推广

在企业官方网站、公司员工名片、公司产品外包装及说明书、公司画册、公司海报等凡是出现公司名称和联系方式的地方，必须加上企业官方微博二维码，方便有兴趣的意向客户进一步了解公司信息，成为官微粉丝。

（六）社会化媒体宣传推广

加入更多的微博群，微博群有人数的优势，是一个展示自己的渠道，经常发布观点会增加别人的关注。社会化媒体宣传推广包含在企业官方网站中展示自己的微博来吸粉，如

图 3-19 所示，该企业网站在右下角给出了关注企业微博的链接。

图 3-19　企业网站中的微博链接

（七）发布信息要有趣、有用

“干巴巴、正儿八经”的文字会把已有粉丝吓跑，只有信息有趣，粉丝才愿意细看，进而转发。在有用上，微博推广的一大作用就是传递有用的信息。因此在编辑内容时，可以从行业出发，也可以从粉丝想知道的企业新闻出发，以达到扩大宣传范围、提高知名度的效果。目前大部分中国企业都采取这种方式进行更新。发布内容时，添加热门话题标签，可以极大地增加曝光率和被关注概率（见图 3-20）。

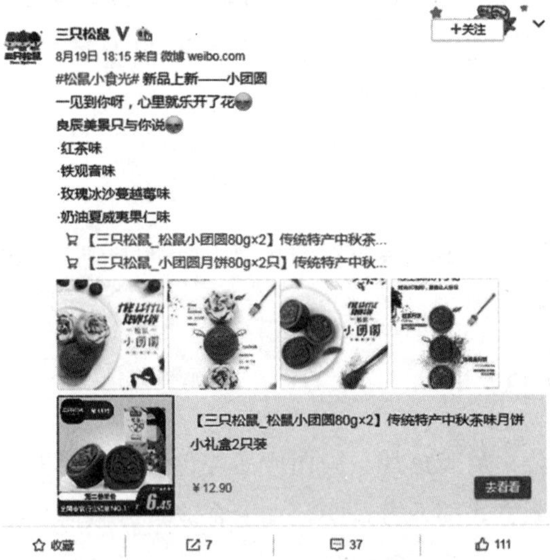

图 3-20　发布信息

（八）互动交流要及时、专业、礼貌

互动交流，指的是通过和自己的跟随者进行交流，达到人际传播和推广的效果。为了形成良好的互动交流，企业微博应关注更多的用户，并积极参加回复讨论。如发布一件新产品时，有粉丝进行询问或者调侃，那么这时候商家要做的就是参与其中，让粉丝没有唱独角戏的感觉。通过双方的互动吸引更多的粉丝进行话题讨论，这才是成功的微博营销互动。要时刻注意自己代表的是整个企业的形象，因此语言选择上应具有一定的严肃性和礼貌性。

（九）定期举办活动，带给粉丝利益

免费和抽奖永远是吸引粉丝的最有效手段。企业抽奖活动可以规定，只要用户按照一定的格式对营销信息进行转发和评论，就有机会中奖。如果是促销活动，就要有足够大的折扣和优惠，如此才能引发粉丝病毒式传播。

【案例 3-9】

@天猫

每年“6·18”各个电商平台都绞尽脑汁推出活动以助长人气。而 2018 年 6 月所有电商活动中最为突出的是天猫微博转发活动。如图 3-21 所示，6 月 1 日，天猫发布微博称，转发微博将“随机抽一位宝宝赠送全宇宙独一份‘天猫 618 大礼包’”。而后，超过数百家企业的微博在评论留言分享将送出的礼品，礼品包含旅行箱、护肤品、零食、生活用品、消费品等，粗略计算有超过百款，价值保守估计超 10 万元。数量庞大的“天猫 618 大礼包”引起网友关注并疯狂转发（见图 3-22）。不到 24 小时，这条由天猫发布的抽奖微博已被转发 40 多万次，在最终抽奖时，累计转发量超 78 万次，单日阅读量超过了 1 亿次。

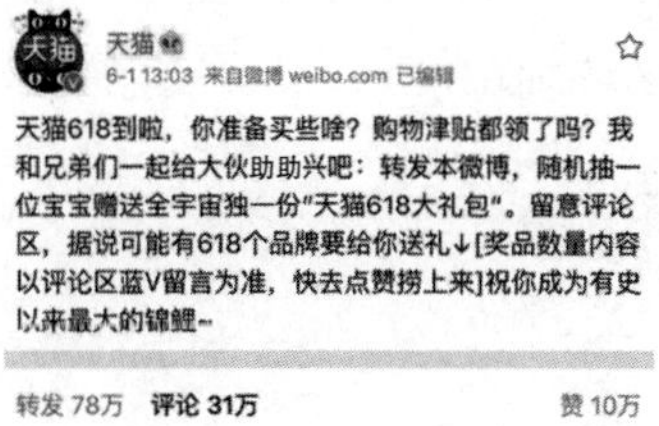

图 3-21　@天猫微博

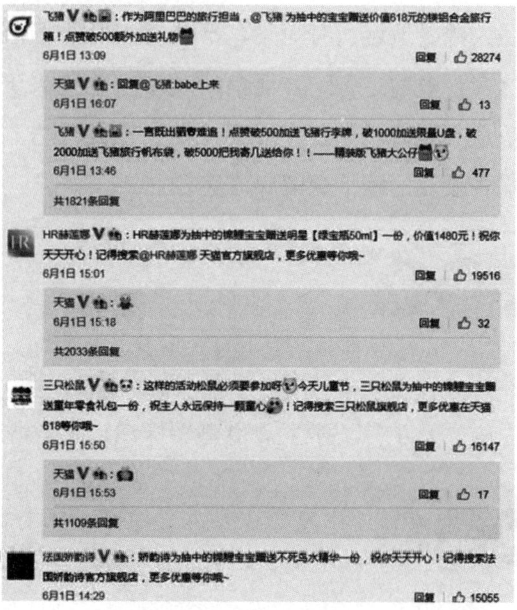

图 3-22　微博评论

如图 3－23、图 3－24 所示，6 月 12 日 18 时 28 分，天猫在微博中抽出一位大奖获得者，天猫出动了三辆厢式货车和一辆冷链货车给该名“天选之子”送去天猫 618 个大牌的礼包，除了清空购物车、帮还花呗、无门槛红包之外，还有新款手机、千元手表、无数化妆品，以及 618 只龙虾、618 只皮皮虾、480 瓶可口可乐……

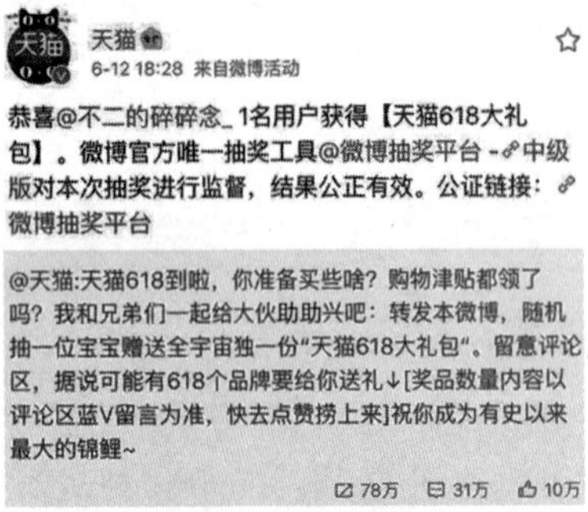

图 3－23　微博抽奖 1

图 3－24　微博抽奖 2

（十）投放粉丝头条和粉丝通广告

按照人数、地域、时间段，精准投放粉丝通广告，也是快速吸引精准目标客户的好办法。当然，粉丝通广告结合促销活动举行，效果更佳。基于用户收到的微博信息量庞大，而微博信息具有时效性，企业无法使自己的广告到达每一位粉丝，“粉丝头条”是针对企业微博广告投放的跨平台解决方案。

拓展学习

- 小组合作：登录微博，了解当前界面上有哪些广告（顶部广告、粉丝通、粉丝头条、右侧广告位、下方广告通栏），并截图标识，同时指出它链接到哪里。

实训演练

实训任务：玩转新浪微博转发有奖。

植树节前夕，义乌市双童日用品有限公司新研发了一系列可循环使用或可降解的环保吸管（见图 3－25、图 3－26、图 3－27）。现要求设计一个有奖转发的微博内容，图文并茂，微博内容含@、#话题#、短链接等平台提供的功能元素，运用一切关系网，最大化转发、评论，从而达到营销效果。

图 3－25　产品 1

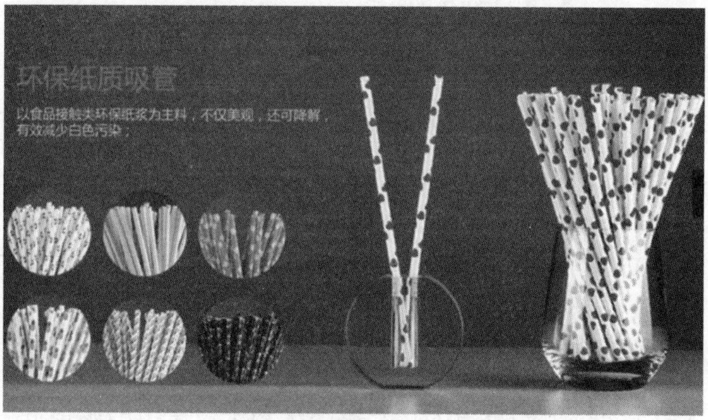

图 3－26　产品 2

图 3－27　产品 3

微博有奖转发评分标准如表 3－6 所示。

表 3－6 微博有奖转发评分标准

项目	分数	得分
微博基本资料设置合理	10	
产品选择符合消费者兴趣，能吸引人	10	
软文撰写有说服力和吸引力	10	
有奖转发图文结合并且有吸引力	20	
达到一定的转发量和评论数	30	
完成有效抽奖，并做好发奖及获奖者回馈工作	20	
总分	100	

任务三 微信营销

做中学

小实验：“曝光自己的小小隐私”。

打开手机，查询手机电池用量情况，并截图发到学习小组的微信群中。

在表 3－7 中列出电池用量前五的 App 名称，并想一想这代表了什么。

表 3－7 电池用量前五的 App

名次	App 名称	类别
1		
2		
3		
4		
5		

根据小实验中的数据，我们能得出什么结论呢？

知识链接

一、微信营销概况

（一）微信营销的概念

微信营销是网络经济时代的一种企业或个人营销模式，是伴随着微信的火热而兴起的一种网络营销方式。微信不存在距离的限制，用户注册微信后，可与周围同样注册的“朋友”形成一种联系，订阅自己所需的信息。商家通过提供用户需要的信息，推广自己的产品，从而实现点对点的营销。

微信营销主要体现在以安卓系统、苹果系统的手机或者平板电脑中的移动客户端进行的区域定位营销。商家通过微信公众平台，结合转介率微信会员管理系统展示商家微官网、微会员、微推送、微支付、微活动，已经形成一种主流的线上线下微信互动营销方式①。

（二）微信营销的起源与现状

2011 年 1 月 21 日，腾讯推出即时通信应用微信，支持发送语音短信、视频、图片和文字，可以群聊。

2012 年 3 月 29 日，时隔一年多，马化腾通过腾讯微博宣布微信用户突破一亿大关，也就是新浪微博注册用户的三分之一。

在腾讯 QQ 邮箱、各种户外广告和旗下产品的不断宣传和推广下，微信的用户也在逐月增加。

截至 2017 年 9 月的《微信数据报告》显示，沟通方式、支付行为、出行方式三方面的数据都发生了很大的变化。

（1）2017 年 9 月，每天平均有 9.02 亿人登录微信，同比增长 17%。其中，月活跃老年用户（55～70 岁）的数量达到 5 000 万人的规模。

（2）微信在语音发送次数、视频通话等沟通方面的数据也发生了显著的变化。其中，微信用户 9 月日均发送微信次数达到 380 亿次，同比增长 25%；日发送微信语音次数达到 61 亿次，同比增长 26%。另外，音视频日成功通话次数达到 2.05 亿次，同比增长 106%；月人均成功通话时长 139 分钟，同比增长 114%；月人均成功通话次数 19 次，同比增长 135%。朋友圈日发表视频次数为 6 800 万次，同比增长 22%。

---

① 参见百度百科“微信营销”.

(3) 在微信开放平台中，微信公众号的月活跃账号数为350万个，同比增长14%。月活跃粉丝数为7.97亿人，同比增长19%。另外，微信小程序目前已经覆盖20多个大类以及200多个细分领域。其中访问人数最多的是交通出行、电商平台、工具、生活服务和IT科技领域的小程序。

(4) 在支付方面，微信月社交支付次数同比增长23%，微信月线下支付次数同比增长280%。

【案例3-10】

微信改变了我们的生活

1. 微信支付

微信钱包的走红得益于2014年的“新年抢红包”活动。从那之后，微信支付迅速普及，甚至街边卖煎饼的小摊都用上了微信支付。有了微信支付，我们在线下的生活更加方便快捷，小额支付更加省心，线下日常生活消费场景完全够用。以至于外国人在总结我国“新四大发明”时把移动支付放在了首位！

2. 社交

腾讯做社交是一把好手。有了微信，我们的即时通信不再受阻于电话、手机通话，而是可以随时随地通过微信视频聊天、语音聊天、发送即时语音来实现人与人之间的快速沟通。特别是微信群聊把我们的亲戚朋友、同学同事都聚拢了起来，增进了联系。

3. 公众号

公众号的崛起是一笔意外收获。微信推出“订阅号”功能，主打公众号，一时间使得我们快速迈入自媒体时代，大批自媒体创业者怀揣着梦想加入这支队伍，丰富了我们的信息生活。如今收看公众号已经成为我们每天的重要活动。

总之，微信八年，使得我们的生活越来越好。

资料来源：钛媒体App. 2018社交破局：腾讯求变，挑战者重来. 搜狐，2018-10-31.

案例思考：

微信对你的生活有哪些改变？

（三）微信营销的特点

1. 点对点精准营销

微信拥有庞大的用户群，借助移动终端、天然的社交和位置定位等优势，可以推送每个信息，能够让每个个体都有机会接收这个信息，继而帮助商家实现点对点精准化营销。

2. 形式灵活多样

（1）漂流瓶：用户可以发布语音或者文字，然后投入大海中，如果有其他用户“捞”到则可以展开对话。

（2）位置签名：商家只要利用“用户签名档”这个免费的广告位为自己做宣传，附近的微信用户就能看到商家的信息。

（3）二维码：用户可以通过扫描识别二维码身份来添加朋友、关注企业账号；企业则可以设定自己品牌的二维码，用折扣和优惠来吸引用户关注，开拓 O2O 的营销模式。

（4）开放平台：通过微信开放平台，应用开发者可以接入第三方应用，还可以将应用的 Logo 放入微信附件栏，使用户可以方便地在会话中调用第三方应用进行内容选择与分享。

（5）公众平台：在微信公众平台上，每个人都可以打造自己的微信公众账号，并在微信平台上实现和特定群体的文字、图片、语音的全方位沟通和互动。

3. 强关系的机遇

微信的点对点产品形态注定了其能够通过互动的形式将普通关系发展成强关系，从而产生更大的价值。通过聊天这种互动的形式与用户建立联系，可以解答疑惑、可以讲故事甚至可以“卖萌”，用一切形式让企业与消费者形成朋友的关系。你不会相信陌生人，但是会信任你的朋友。

【案例 3-11】

野蛮生长的微商

微商在最近几年如狂风暴雨般席卷整个电商圈，电商领域的业界大佬无不虎视眈眈，都想从中分一杯羹。可事实上，正是一批敢想敢为的“90 后”青年创业者在打头阵，有些创业者伤痕累累，有些富有想象力的创业者把握了时机，赚得盆满钵满。很显然，有些处于观望状态的大佬败给了年轻的、敢为人先的“90 后”。随着微商体系的不断完善，业界大佬窥探进军微商的声音越来越响。

微商从刚开始的小规模乱象发展，到中期团队整合个人，再到后期传统大企业进军微商、马化腾向李克强总理汇报工作——微信为 2 000 万人提供了就业创业平台、阿里巴巴进军微商、网易进军微商等，是骡子是马，也到了拉出来遛遛的时候了。

任何一种新商业模式的产生都是必然趋势下的产物。电视的普及催生了一批靠电视广告快速增长的企业。那个年代，企业通过电视广告推广产品，能够快速地引导消费者消费。电脑的普及催生了一批互联网电子商务公司，直接把消费者引流到交易平台。智能手机的普及，改变了消费者衣食住行各领域的消费习惯，推动了移动互联网风潮，而互联网又催生了分享经济等新经济模式。微商就是互联网发展的时代产物。

曾经不被媒体、消费者等社会各界看好的微商，尽管没有好名声，却仍未被淘汰。其具有顽强的生命力，不仅支撑到现在，甚至开始了“咸鱼翻身”的逆袭之路。

案例思考：

观察你的朋友圈，查看有哪些微商，尝试做一份简单的朋友圈微商调查报告。

二、微信公众账号的价值

我们知道微信公众平台实现了信息通知、用户连接和用户管理的功能，可以与用户互动。微信公众平台的口号是：再小的个体，也有自己的品牌。在此我们强调一下，这里的个体是指企业、机构或个人。

由于微信有庞大的用户群体，很多企业、机构需要一个平台去连接巨大的微信用户群，这样就诞生了微信公众平台。但是“微信公众账号不是一个纯粹的营销工具，必须让你的公众号提供最能体现企业价值的东西”，微信产品总监曾鸣在 2013 年 6 月 5 日的腾讯“把脉”沙龙上表示，微信团队正在选一些与每一个普通用户的生活密切相关的行业，进行用户服务的探索。那么，微信公众账号到底有哪些价值呢？

（一）为企业提供有忠诚度与活跃度的客户

微信没有公众账号订阅数排行榜，背后的原因是：订户数量不重要，订户质量才重要。所以你可以认为通过正当或不正当的手段拉客户毫无意义。对企业而言，真正的忠诚度与活跃度才有价值。归根到底，企业其实没有那么多的信息可以推送，为了发内容而推送一些没有太大价值的信息只会适得其反。微信数据显示，公众号发内容越频繁，客户失去得越快，因为用户已经被过度骚扰。所以请找到你的客户，并牢牢抓住他们。

（二）为客户提供有价值的信息

企业必须为客户提供价值，才能让客户关注你，客户是不会为了看笑话而关注企业公众账号的。所以企业微信公众账号必须提供服务，而服务就是招之即来、挥之即去。微信公众号不在于大小，而在于价值。哪怕客户一个月甚至半年才用一次，只要在用的时候，你提供的东西有价值，他就不会从通讯录里删除你，而是对你产生依赖。

（三）为企业提供便捷的客户管理

说得简单一点，从某个角度来讲，公众号是一个 CRM（客户关系管理）。每个订阅你的客户，背后都会自动形成一个数据库，这个数据库你自己可以管理。微信公众平台提供了分组、客户资料查看等功能，包括一些基本的客户素材。

（四）形成多向交流的工具

在这里我们强调“多向”是因为很多用户错误地认为微信只是双向交流的工具。微信会自动为每个用户生成二维码，你只需要把它附在签名档、微博、短信，或者打印出来贴在餐馆、酒吧和公司的墙上，任何人拿手机轻轻一扫，就可以在微信上迅速找到你、关注你，微信让虚拟与现实之间的界限变得越发模糊。

（五）类似但优于短信平台

公众平台具备群发功能，这使公众平台更像是一个短信平台，同时在内容上，微信要比短信丰富得多，包括音频、视频、图文推送等。

（六）让阅读更简单

这是大家都熟悉的一个价值。微信公众平台最明显的用处就在于阅读和推送。简单地说，用户是主动获取想要了解的内容，这样更直接、更有效。

（七）为企业提供引流导流工具

微信是一个在客户服务、销售二次转化、黏度提升、口碑提升等方面作用明显的工具。企业可以通过其他推广方式引流导入到微信上，利用微信的基础功能进行关系深化、认可深化进而促成交易。有了微信，只要客户不取消关注，企业就可以随时推送信息，夹带促销信息给他们，和他们保持联系，并可以随时随地与他们沟通。

（八）全网络全时段市场调查

企业通过微信可以进行市场调查，在调查市场需求的情况下，为消费者提供需要的产品和服务，同时制订一定的口碑推广计划，让消费者主动传播公司产品和服务的良好评价，从而通过口碑推广产品、树立品牌、加强市场认知度，最终达到企业销售产品和提供服务的目的。

综上所述，微信公众平台的生态是完整的，不仅可以服务于行业标杆的大型企业，还能打造行业标准，为中小型创业团队提供可以借鉴的范式。而这其实也正是微信的创新之处：共享 4 亿用户的账号体系、推送通知、通信传输、地理位置、安全支付等基础服务，简化生产流程，让企业和媒体专注于服务（制作精品内容、进行技术创新和提供精准的服务），从而为用户和企业提供价值。①

---

① 鱼人营销．为您盘点微信公众号的 8 大价值．天天快报，2018－10－23.

三、微信公众号的类型

（一）微信公众号的三种类型

1. 订阅号

订阅号主要偏向于为用户传达资讯（类似报纸、杂志），认证前后都是每天只可以群发一条消息。如果想简单地发送消息，达到宣传效果，建议选择订阅号。

2. 服务号

服务号主要偏向于服务交互（类似银行、“114”，提供服务查询），认证前后都是每个月可群发 4 条消息。如果想进行商品销售、商品售卖，建议申请服务号。

3. 企业微信

企业微信（原企业号）主要用于公司内部通信，需要先有成员的通信信息验证才可以成功关注企业微信。如果想用来管理内部企业员工、团队，对内使用，可申请企业微信。

（二）不同类型微信公众号的主要区别

企业微信与订阅号及服务号之间差别显著，因此很容易理解其应用场景及功能。订阅号和服务号都有信息传播的功能，但权限不同，应了解其各自的规则。作为网络营销工具，常用的主要是订阅号和服务号，这里简要归纳微信订阅号、服务号、企业微信的区别（见表 3－8）。

表 3－8　订阅号、服务号、企业微信功能区别介绍

账号类型	订阅号		服务号		企业微信	
业务介绍	为媒体和个人提供一种新的信息传播方式，构建与读者之间更好的沟通模式		给企业和组织提供更强大的服务与用户管理功能		帮助企业和组织内部建立员工、上下游合作伙伴与企业 IT 系统间的连接	
适用人群	适用于个人和组织		不适用于个人		企业、政府、事业单位或其他组织	
功能权限	普通订阅号	微信认证订阅号	普通服务号	微信认证服务号	普通企业微信	微信认证企业微信
消息直接显示在好友对话列表中			√	√	√	√
消息显示在“订阅号”文件夹中	√	√				
每天可以群发 1 条消息	√	√				
每个月可以群发 4 条消息			√	√		

无限制群发					√	√
保密消息禁止转发					√	√
关注时验证身份					√	√
基本的消息接收/回复接口	√	√	√	√	√	√
聊天界面底部自定义菜单	√	√	√	√	√	√
定制应用					√	√
高级接口能力		部分支持		√		部分支持
微信支付——商户功能				√		

（三）如何在服务号与订阅号之间选择

（1）创业项目以消费者或粉丝获取为核心，可以优先考虑订阅号。

初期公众号的首要职能是资讯发布，故建议做订阅号，可以不受发布频率的限制；如果定位于为客户、会员提供一对一深度服务，建议做服务号，配合技术手段将微信与CRM打通，结合客服功能，为用户提供良好的服务体验。

（2）创业项目以实体推广为主，且不需要微信支付[1]及其附属功能，可以先行选用订阅号。

创业实体项目，例如蛋糕店、洗衣店、餐饮店等，只需要会员卡展示、优惠券发放等功能，建议选择订阅号。订阅号的好处显而易见，可以每天发送一些项目相关的信息，刺激粉丝二次消费。订阅号本身就可以实现会员卡及优惠券功能。

如果需要微信支付、可统计的二维码、分组群发、微信上墙等高级功能，那就只能选择服务号。

（3）创业项目以企业或产品展示为主，不需要其他功能，可以直接选用订阅号。

很多创业项目的公众号，作用仅限于线下产品的电子宣传，不需要其他功能，可以直接选择订阅号，原因同样是每天的发文数量。这类公众号需要制作好微信文章，将企业或产品包装完好，给线下增信即可。

（4）创业项目需要线上储值或者电商（微商、手机端商城）等功能，可以选用服务号。

线上储值的功能开通的核心就是微信支付。现在的规则是，只有认证后的微信服务号才可以开通微信支付。做微商的朋友，如果不是依靠文章获得粉丝，可以直接开通服务号。

（5）创业项目以售后服务、单次消费为主的公众号，可以使用服务号。

① 微信支付功能是指商家线上的端口功能，实体店可以选择第三方端口或者直接使用法人的二维码接收货款。

很多创业项目，是给实体做售后服务，不需要频繁与消费者沟通，更不以粉丝获取为目的，重点是企业宣传和功能性服务，作用与官网相同，可以选择服务号。服务号每月可以发文4次，足以满足企业的正常宣传，并且服务号的端口开发全面，可以有效地对接企业的各种需求端口。

参考流行的一个口诀，帮助大家更好地从服务号与订阅号中做出选择：

服务号，订阅号，分开选择真重要，
服务要，订阅要，客户骚扰要减少。
业务多，客户多，选择服务多美好，
初来到，想引导，选择订阅刚刚好，
客围绕，人不少，选择服务是正道。
有提醒，有查询，想想服务真周到，
有客服，有在线，实实服务才可靠。
有目标，不急躁，品牌形象好创造，
心不焦，有技巧，品牌传播才有效。

如果上面两种公众号无论哪一个都满足不了你，你还可以用另外一种策略，即同时用一个订阅号和一个服务号，或者多号战略。

四、申请和建立微信公众号

由于注册公众号的主体有很多，本书以个人注册微信公众号的步骤为例，做简单讲解。

步骤一：打开微信公众平台官网：https：//mp. weixin. qq. com/，点击右上角“立即注册”（见图3-28）。

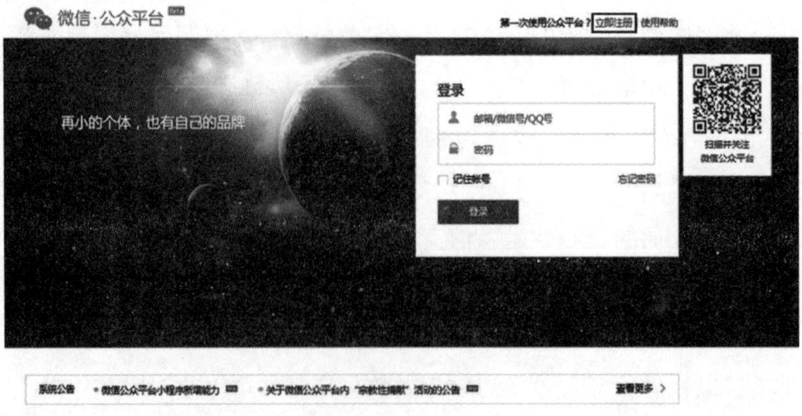

图3-28 平台首页

步骤二：如图 3－29 所示，选择账号类型（类型一旦选择将无法更改）。

图 3－29　选择账号类型

步骤三：填写邮箱，登录邮箱查看激活邮件，填写邮箱验证码激活（见图 3－30、图 3－31）。

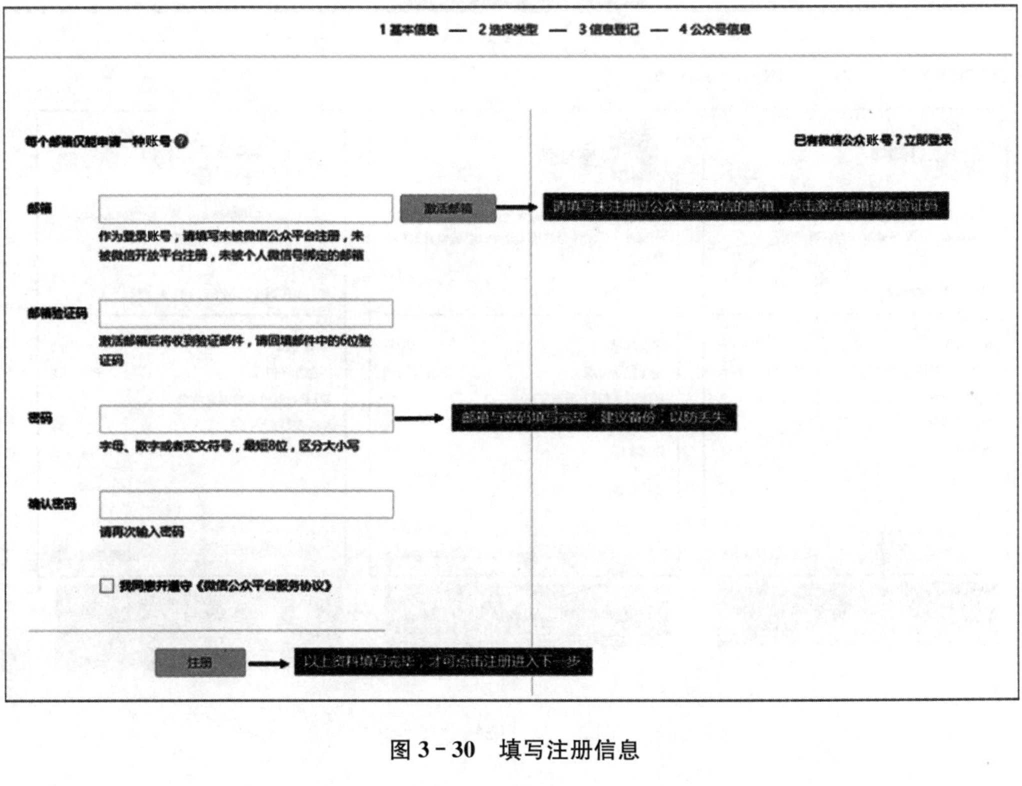

图 3－30　填写注册信息

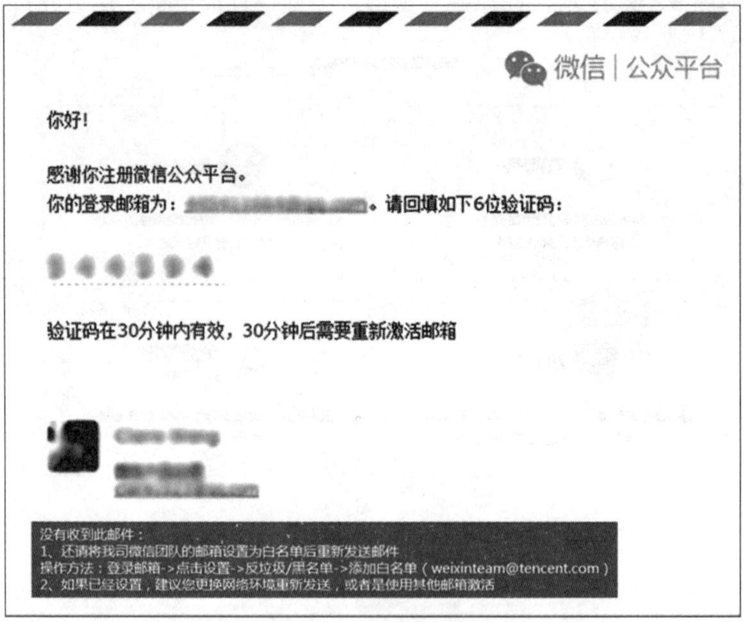

图 3－31 激活邮箱

步骤四：了解订阅号、服务号和企业微信的区别后，选择想要的账号类型（见图 3－32）。

图 3－32 选择类型

图 3 - 33 为订阅号、服务号和企业微信的手机端展示效果。

图 3 - 33　不同类型的展示效果

步骤五：信息登记，选择个人类型之后，填写身份信息（见图 3 - 34）。

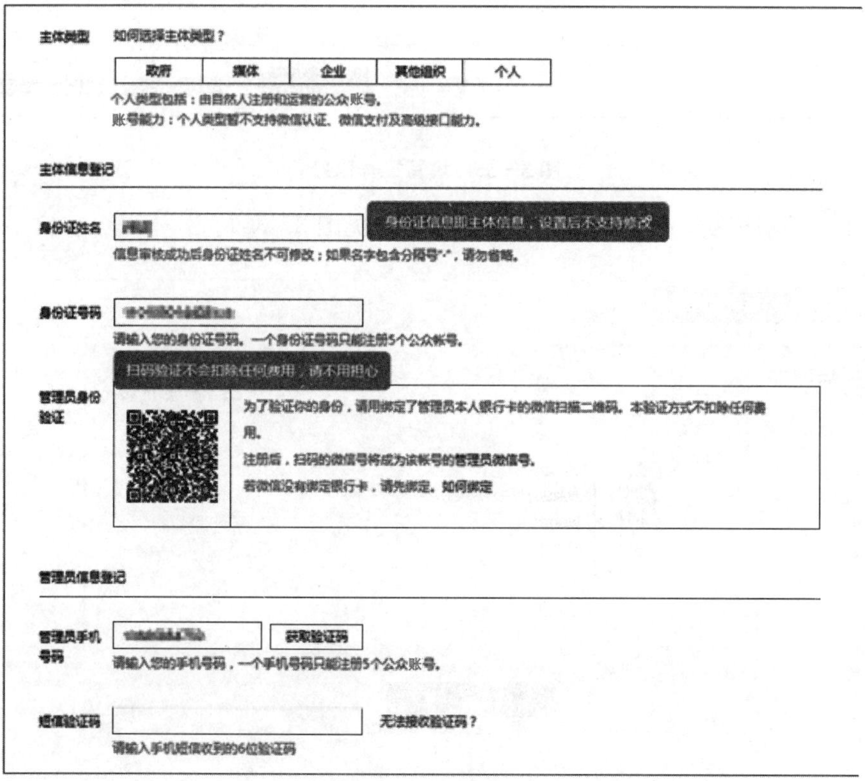

图 3 - 34　主体信息登记

步骤六：填写账号信息，包括公众号名称、功能介绍，选择运营地区（见图 3－35）。

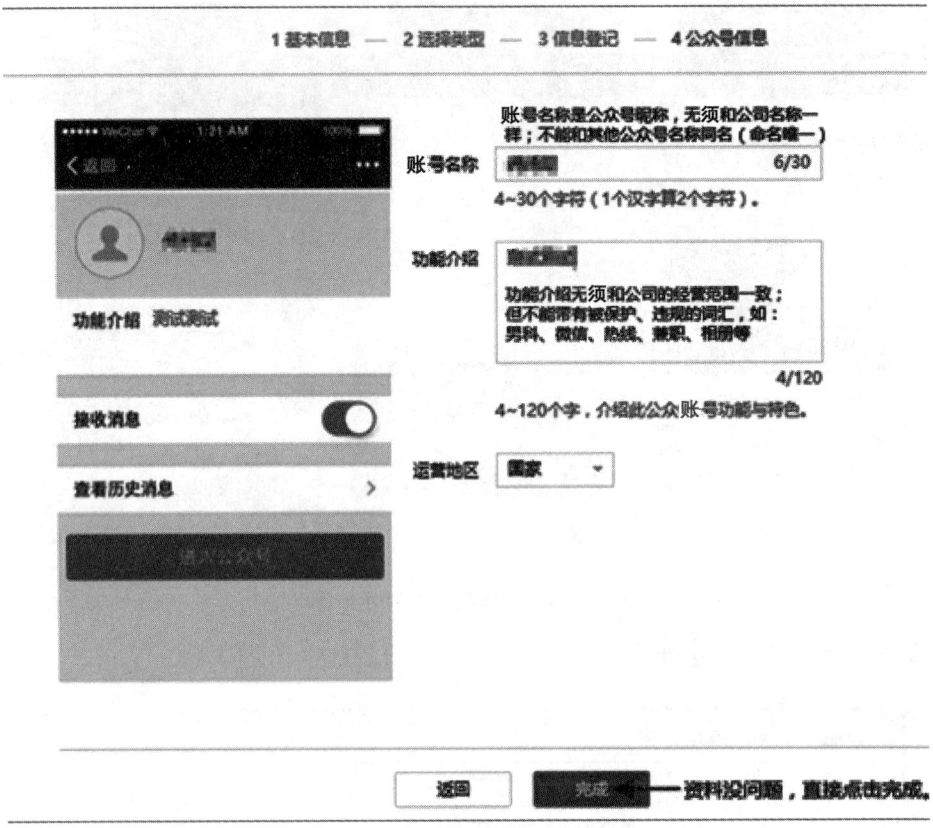

图 3－35　填写账号信息

步骤七：注册成功，可以开始使用公众号了（见图 3－36）。

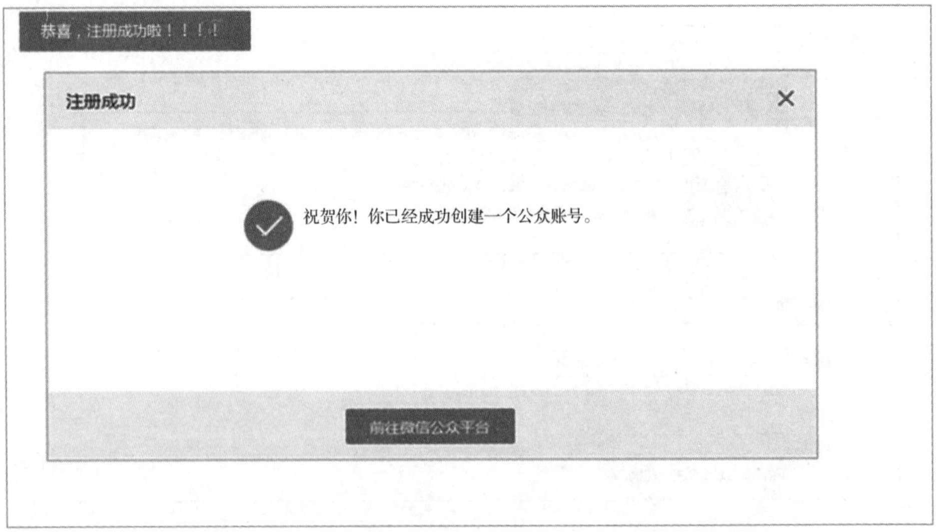

图 3－36　注册成功

五、微信公众号平台运营的四个关键点

（一）定位：根据不同定位，选择不同类型

订阅号为用户提供信息和资讯，服务号主要为用户提供服务。群发信息量不同：订阅号每天（24 小时内）可以发送 1 条群发消息，服务号 1 个月（30 天）内仅可以发送 4 条群发消息。

用户收到信息提醒的方式不同：群发信息时，订阅号的用户不会收到即时的消息提醒，服务号的用户将收到即时的消息提醒。用户存放位置不同：订阅号将被放入订阅号文件夹中，服务号会在订阅用户（粉丝）的通讯录中。所以究竟选择服务号还是订阅号要看自身的情况，比如需要每天发布信息咨询，那就要选择订阅号，如果只是为了服务、活动而用那就选择服务号。

（二）分析：根据用户画像，寻找精准用户

最直截了当的解释就是，你是什么行业的公众号，就找和自己相关的用户，对其定期推送有用的信息。通过一些手法分析用户的习惯、用户人群年龄、兴趣等，其目的是缩小推广范围，避免盲目推广，这一点付费推广也许能来得快一点。再者就是后期用户的维护。微信公众号的一个评判标准就是粉丝数，我们不希望有大量的僵尸粉，所以用户分析是必需的，后期维护也是为了稳定已有的粉丝数，例如可以定期收集一些用户的建议，做一点赠品回馈等。

（三）技巧：根据发布内容，寻找情感共鸣

一个微信公众号运营者如果一天就是发布几篇微信文章，那就算不上一个合格的公众号运营者。微信运营是有章可循的，要将营销思维融入其中。内容的文采不用多说，好的文章自然是优势。但是这并不是最主要的，因为毕竟企业做微信文章是有目的的，要记住你并不是作家，而是心灵触动者。在编写文章的时候要能找到触动读者或引起粉丝共鸣的地方，不要生搬硬套地做广告。

（四）平台：打造合适平台，激发用户需求

人靠衣装马靠鞍，微信平台也是需要打造的，微信公众号本来是一个在腾讯微信的大平台下的小平台，企业的目的不单单是让用户阅读文章。如果用户比较喜欢文章，想要进一步咨询，或者用户想要看到一些案例，或者像淘宝那样的评论，等等，那么就要植入用

户体验，打造用户喜欢的平台。这需要过硬的营销思维。

互联网是一个信息扩散非常迅速的平台，你不用担心你的公众号得不到宣传。把自身公众号打造好，对推广和运用更有利。

六、微信公众号营销的核心是做好内容

建立微信公众号之后，许多运营者最关心的是公众号能够吸引多少粉丝。诚然粉丝数量非常重要，但是公众号平台的粉丝数量大多取决于内容的运营效果。正所谓得内容者得天下，公众号运营者在确定信息内容的时候，应当从粉丝的角度去考虑问题，了解粉丝的需求。以粉丝为出发点撰写出的内容才具有感染力，才能够和粉丝建立良好的关系。

拓展学习

- 登录百度（www. baidu. com），输入关键词进行搜索，填写表 3－9。

表 3－9　公众号的作用

公众号对企业的作用	公众号对个人的作用

- 小组讨论：新媒体较之传统媒体体现出了很多优势，公众号对于企业而言在较大程度上取代了企业网站的作用。与企业官网相比，企业公众号有何优点？

实训演练

1. 实训内容：注册一个公众号，并策划明确的公众号定位、用户画像等。

2. 实训目的：掌握微信公众号注册流程，并通过自学尝试运营公众号。

3. 基本步骤：（1）根据流程完成公众号注册；（2）明确公众号的定位、用户画像；（3）策划编写一篇软文并通过公众号发布进行引流。

任务四 SNS营销

做中学

表 3-10 是几个国内常见的 SNS 网站，在你使用过的网站选项后打钩。

表 3-10 常见 SNS 网站

类型	选项	使用情况
平台类	百度贴吧	
	腾讯 QQ 空间	
	淘宝淘江湖	
	新浪微博	
校园与娱乐类	占座	
	51.com	
	Ipark	
	开心网	
	人人网	
社群类	驴友录	
文化类	蜂巢网	
	生日网	
	王家人	
商务类	联络家	
	海内	
	5GSNS	
	创友网	

结合知识链接的相关内容，理解 SNS 营销的概念及作用，了解 SNS 营销的主要方式。

知识链接

一、SNS营销的概念及作用

（一）SNS营销的概念

SNS营销就是利用SNS网站的分享和共享功能，在六度分隔理论的基础上实现的一种营销方式。通过病毒式传播的手段，让你的产品被众多的人知道[①]。

小知识：

六度分隔理论

1967年，哈佛大学的心理学教授Stanley Milgram创立了六度分隔理论：你和任何一个陌生人之间所间隔的人不会超过6个。也就是说，最多通过6个人你就能够认识任何一个陌生人。按照六度分隔理论，每个个体的社交圈都不断放大，最后成为一个大型网络。

SNS是通过多个网络社区平台，以信息分享为表现形式，把口碑营销做到极致的工具。SNS有以下三层含义：

（1）social network service：社交网络服务。

（2）social network software：社会性网络软件。依据六度分隔理论，通过网络社区，以认识朋友的朋友为基础，扩展自己的人脉。

（3）social network site：就是依据六度分隔理论建立的网站，帮你运营朋友圈的朋友。

（二）SNS营销的作用

SNS是一种延时的通信工具，在情感表达方面比其他的营销手段更加丰富多彩，是一种更易增加亲密度的工具。

1. SNS营销可以满足企业不同的营销策略

作为一种不断创新和发展的营销模式，越来越多的企业尝试着在SNS网站上施展拳脚。无论是开展各种各样的线上的活动（例如悦活品牌的种植大赛、伊利舒化奶的开心牧场等）、产品植入（例如地产项目的房子植入、手机作为礼品的植入等），还是市场调研（在目标用户集中的城市开展调查，了解用户对产品和服务的意见），以及病毒营销等（植入了企业元素的视频或内容可以在用户中像病毒传播一样迅速地被分享和转帖），所有这

① 陈一飞．从优衣库案例看SNS营销．商场周刊，2012（10）．

些都可以在SNS网站上实现。为什么这么说呢?因为SNS最大的特点就是可以充分展示人与人之间的互动，而这恰恰是一切营销的基础所在。

2. SNS营销可以有效降低企业的营销成本

SNS社交网络的“多对多”信息传递模式具有更强的互动性，受到更多人的关注。随着网民网络行为的日益成熟，用户更乐意主动获取信息和分享信息，社区用户显示出高度的参与性、分享性与互动性。SNS社交网络营销传播的主要媒介是用户，主要方式是“众口相传”，因此与传统广告形式相比，无须大量的广告投入。相反，用户的参与性、分享性与互动性的特点很容易加深其对一个品牌和产品的认知，容易形成深刻的印象，形成好的传播效果。

3. SNS营销可以实现目标用户的精准营销

SNS社交网络中的用户通常都是认识的朋友，用户注册的数据相对来说都是较真实的，企业在开展网络营销的时候可以很容易地对目标受众按照地域、收入状况等进行用户筛选，来选择哪些是自己的用户，从而有针对性地进行宣传和互动。企业如果营销经费不多，但又希望能够获得一个比较好的效果，可以只针对部分区域开展营销，例如只针对北上广的用户开展线上活动，从而实现目标用户的精准营销。

4. SNS营销是真正符合网络用户需求的营销方式

SNS社交网络营销模式的迅速发展恰恰符合了网络用户的真实需求——参与、分享和互动。它代表了网络用户的特点，也符合网络营销发展的新趋势，没有任何一个媒体能够把人与人之间的关系拉得如此紧密。无论是朋友的一篇日记、推荐的一个视频、参与的一个活动，还是朋友新结识的朋友，都会让人们在第一时间及时地了解和关注到身边朋友的动态，并与他们分享感受。只有符合网络用户需求的营销模式才能在网络营销中帮助企业发挥更大的作用。

【案例3-12】

QQ空间营销

QQ空间（Qzone）是腾讯公司于2005年开发出来的一个具有个性的空间，拥有博客（blog）的功能，自问世以来受到众多人的喜爱。QQ空间分为主页、说说、日志、音乐、相册、个人档、个人中心等。根据腾讯2018年第一季度财报，QQ空间月活跃账户数达到5.62亿，这个数字领先于中国绝大多数的社交网站。2013年，小米科技推出红米手机的时候，选择了国内最大的社交平台QQ空间作为新品的首发平台，创造了1分30秒10万台手机售罄的惊人成绩。

资料来源：朱翊．小米、酷派与乐视为何钟情QQ空间．今日头条，2014-06-12.

案例思考：

QQ空间营销的特点是什么？

二、SNS 营销的主要方式

（一）为目标受众群定制的显示广告

由于社交网站掌握用户的年龄、性别、地区、受教育程度、兴趣爱好等个人信息，广告主有可能更加精确地定位自己的目标受众群体。比如 Facebook 和 MySpace 都拥有让广告主进行自助投放的广告平台，MySpace 推出了 MyAds 系统。

【案例 3－13】

《功夫熊猫》与久韵腾香普洱茶

美国梦工厂《功夫熊猫》系列影片的《功夫熊猫 3》中融入了许多中国元素，如影响力最广的京剧和茶叶。久韵腾香普洱茶就是在这样的背景下成功植入电影，在市场上取得成功的。《功夫熊猫 3》中阿宝带领着盖世五侠向师傅敬茶使用就是久韵腾香普洱茶，画面中还有大大的久韵腾香商标作为背景，让人感叹中国企业已开始通过文化软实力影响世界了。

资料来源：商业情报站．电影植入经典案例，这些品牌玩得天衣无缝．百家号，2018－03－17.

（二）与社交游戏场景融合的植入广告

类似电影中的植入式广告，将广告主的品牌和产品信息融入社交网站的情景和道具中。被植入的产品或品牌会得到一定程度的突出展示，且用户一般不会对其抱有抗拒心理，往往能够在无形中拉近广告主和用户之间的距离。

【案例 3－14】

星巴克互动式推送微信

星巴克一直走在科技与时尚的前沿，星巴克曾在其微信中推出“自然醒”活动：在微信中添加“星巴克中国”为好友，只需发送一个表情符号，将即时获得星巴克专为你调配的《自然醒》音乐专辑曲目。这种创新式的互动推广获得了消费者的喜爱。之后星巴克又推出了“星巴克闹钟”活动，以配合早餐系列新品上市。下载星巴克 App，按下闹钟后一小时内到达星巴克门店，即可在正价购买饮料的同时，享受早餐食品半价的优惠。该活动一经推出，便受到了广大星巴克粉丝和手机用户的青睐，在微博上广受推荐和分享。

资料来源：乐创网络营销．微信营销——星巴克数字化营销．新浪博客，2013－02－25.

（三）利用口碑传播的体验型广告

这种病毒营销形式充分利用社交网络用户间的信息流，将电子商务行为与口碑营销整合起来。与推销型的电视广告相比，消费者可能更相信出自朋友之口的只言片语。这种方式可以促使商家更加注重产品的内在品质，优秀的产品将可能在人际网络中得到更多好评和更广泛的传播。

【案例3-15】

支付宝扫五福

2016年春节，支付宝用两亿现金强势掀起了全民寻找“敬业福”热潮。2017年，支付宝又刷爆了我们的时间线。支付宝发布微博先声夺人：“最牛黑科技AR扫五福随机抽两亿”，随后连续热点频发，引爆社交舆论，形成病毒式传播，再次打造现象级社会话题。支付宝在手机支付市场众品牌中独占2017年春节热议话题鳌头。

资料来源：Socase. 支付宝玩转五福AR红包引爆春节营销 . SocialBeta，2017-03-04.

（四）以应用形式进行的活动营销

将广告主的促销活动包装成应用的形式进行发布，让用户自由添加使用，并通过人际互动进行传播。

讨论交流：

对于SNS营销的方式，我们该怎样运用呢？

拓展学习

- 通过百度搜索我国主要SNS网站的营销价值与特点，填写表3-11。

表3-11　我国主要SNS网站营销价值与营销特点

SNS网站	营销价值	营销特点
QQ空间		
人人网		
新浪微博		

- 小组讨论：这三个 SNS 网站分别适用于哪些消费者群体？

实训演练

1. 实训内容：为某产品选择合适的 SNS 营销平台。

2. 实训目的：掌握 SNS 营销。

3. 基本步骤：（1）关注和了解目前的主流 SNS 平台，并进行分析；（2）选择合适的 SNS 平台并说明原因。

任务五 IM 营销

做中学

请对你身边的朋友做个小调查，了解他们使用过表 3－12 中的哪些 IM 工具，在选项后填写他们从事的职业。

表 3－12　常见的 IM 工具

IM 工具	从事的职业
腾讯 QQ/TIM	
微信 WeChat	
微博 Weibo	
钉钉 DingTalk	
阿里旺旺 TM	
百度 Hi	
YY 语音	
ICQ	
MSNr/Skype	
雅虎通 Yahoo	

结合教材中的知识链接，理解 IM 营销的含义及分类，了解 IM 营销的优势，熟悉 IM 营销的主要方式。

知识链接

一、IM营销的含义①

即时通信（instant messaging，IM）是一个终端服务，允许两人或多人使用网络即时地传递文字讯息、档案、语音与视频交流。即时通信分手机即时通信和网站即时通信，手机即时通信的代表是短信，网站、视频即时通信有微信、QQ、YY语音、MSN、百度Hi、新浪UC、阿里旺旺、网易泡泡、网易CC、中国移动和飞信等应用形式。根据属性的不同，可以把IM分为以下几个类别。

1. 个人IM

个人IM以个人使用用户为主，会员资料是开放式的，非营利目的，方便聊天、交友、娱乐，如QQ、MSN、雅虎通、网易泡泡、新浪UC、百度Hi、中国移动和飞信（PC版）等。此类软件通常以网站为辅、软件为主，免费使用为辅、增值收费为主。

2. 商务IM

此处的商务泛指以买卖关系为主。商务IM通常以阿里旺旺贸易通、阿里旺旺淘宝版、慧聪发发为代表。商务IM的主要功用是寻找客户资源或便于商务联系，从而以低成本实现商务交流或工作交流。此类IM用户以中小企业、个人实现买卖为目的，外企也可以方便地实现跨地域工作交流。

3. 企业IM

企业IM有两种：一种是以企业内部办公为主，谋求建立员工交流平台；另一种是以即时通信为基础，系统整合各种实用功能，如企业通。

4. 行业IM

行业IM主要包括某些行业或领域使用的IM软件，不被大众所知。行业IM也包括行业网站所推出的IM软件，如化工类网站推出的IM软件。行业IM软件主要依赖于单位购买或定制软件。

二、IM营销的类型

IM营销又叫即时通信营销，是指通过即时通信工具帮助企业推广产品和品牌的一种手段，常用的主要有两种形式。

---

① 孙羽．IM营销（节选自阿里学院高校电子商务系列教材）．百度文库，2012-02-07.

（一）网络在线交流

中小企业建立了企业网站后一般会有即时通信在线，这样潜在的客户如果对产品或者服务感兴趣自然会主动和在线的商家联系。

（二）广告

中小企业可以通过 IM 营销工具发布一些产品信息、促销信息，或者可以通过图片发布一些网友喜闻乐见的表情，同时加上企业要宣传的标志。在各种可见的位置，IM 工具都可以插入广告位，按照位置的不同可以分为：聊天窗口嵌入、IM 界面嵌入、IM 弹出对话框等。

据调查，在所有网民中有 90％使用过即时通信工具。面对如此大的市场，营销人早就开始行动，和即时通信商合作成了众多品牌的选择。例如，在北京奥运会奥运圣火传播时期，可口可乐和腾讯合作展开网上火炬传递活动，使网民为能够点亮 QQ 的火炬图标而疯狂，在短短 40 天的时间里有超过 4 000 万网民参加了此次活动，可谓威力强大、出招巧妙。

【案例 3－16】

IM 营销神器——QQ

从 1999 年诞生以来，QQ 作为一种 IM 工具已经陪伴我们 20 年，其同时在线人数早已经突破 3 亿人次。在 QQ 的发展过程中，腾讯公司通过不断扩展 QQ 的通信功能，使网络聊天变成了一种娱乐，同时通过 QQ 的高人气、高流量来拓展在线游戏，使得 QQ 不仅是一款 IM 工具，更是一个强大的 IM 营销平台。

QQ 作为一种顾客黏性极强的 IM 工具，成为一个营销平台也是顺理成章的事。当前 QQ 平台上针对顾客的营销已很普遍。例如，当打开 QQ 客户端时，就会弹出 QQ 新闻的弹窗，而弹窗上面会轮播广告。

案例思考：

IM 营销领域还有哪些其他的工具？

三、IM 营销的优势

早期的 IM 只是个人用户之间信息传递的工具，而现在，随着 IM 工具在商务领域的普及，IM 营销日益成为不容忽视的话题。最新调查显示，IM 已经成为人们工作上沟通业务的主要方式，有 50％的受调查者认为每天使用 IM 工具的目的是方便工作交流，49％的受调查者在业务往来中经常使用 IM 工具，包括更便捷地交换文件和沟通信息。

与一般的营销传播手段不同的是，IM 营销面对的都是朋友或熟人，所以信息宣传的有效性与针对性毫无疑问大大地加强了。在一个商业信息泛滥的社会中，许多消费者对一般性的商业广告已经熟视无睹，但是对朋友圈中来自好友的信息还是比较愿意接受的，这正是诸多企业看好 IM 营销的原因所在。

IM 营销的优势具体表现如下。

（一）互动性强

无论哪一种 IM，都会有各自庞大的用户群，即时的在线交流方式可以让企业掌握主动权，摆脱以往等待关注的被动局面，将品牌信息主动地展示给消费者。当然这种主动不是让人厌烦地广告轰炸，而是巧妙地利用 IM 的各种互动应用。可以借用 IM 的虚拟形象服务秀，也可以尝试 IM 聊天表情，将品牌不露痕迹地融入进去。这样的隐形广告很少会遭到抗拒，用户也乐于参与这样的互动，并在好友间广为传播，在愉快的氛围中自然加深对品牌的印象，促成日后的购买意愿。

（二）营销效率高

一方面，分析用户的注册信息，如年龄、职业、性别、地区、爱好等，以及兴趣相似的人组成的各类群组，针对特定人群专门发送用户感兴趣的品牌信息，能够诱导用户在日常沟通时主动参与信息的传播，使营销效果达到最佳；另一方面，IM 传播不受空间、地域的限制，类似促销活动这种消费者感兴趣的实用信息，通过 IM 能在第一时间告诉消费者，有效传播率非常高。

（三）传播范围大

大部分用户上班后，第一件事就是打开自己的 IM 工具，随时与外界保持联络。每一款 IM 工具都聚集了大量的人气，并且以高品质和高消费的白领阶层为主。IM 有无数庞大的关系网，用户与好友之间有着很强的信任关系。企业的任何有价值的信息都能在 IM 上开展精准式的扩散传播，产生的口碑影响力远非传统媒体可比。

以强大的用户规模作为后盾，IM 蕴含的巨大市场营销价值已经为越来越多的企业所认可，而 IM 承载的传播形式更是变得越来越丰富。未来的营销战场，IM 营销必不可少。

讨论交流：

请分享你在日常生活中遇到的 IM 营销案例。

【案例 3-17】

汶川大地震，赈灾献爱心

一杯可乐两元钱，肯德基里卖六元。一个土豆切成条，做成薯条又七元。

两片面包一块肉，夹成汉堡卖几元？外商赚钱不算少，地震捐款捐多少？

不捐难赚中国钱，磨磨蹭蹭捐一点。哪有民族企业好？患难之下见分晓。

食品饮料日用品，国产不比洋货差。从此改喝王老吉，不媚洋货买国货。

中华儿女一家人，民族振兴靠国人。各位朋友转一转，莫枉做个中国人。

以后存钱到工商（8 726 万元，“5·12”汶川大地震捐款数额，下同），还是用移动（5 820 万元），买电器到苏宁（5 000 万元），买保险买平安（3 500 万元），喝白酒喝泸州老窖（3 000 万元），DVD 买步步高（2 500 万元）……

在 2008 年汶川大地震赈灾期间，这条消息在各大 IM 工具上流传，相信大家并不陌生。我们也可以从中品味出，段子中植入的工行、苏宁等品牌，都得到了非常好的传播效果。和那些直接的牛皮癣广告相比，高下立判。这条消息抛却了直接对产品信息的诉求，将品牌与网友的爱国情感相对接，很显然爱国这个独特的“心灵按钮”在网友中更容易激起涟漪。

案例思考：

如何提升 IM 工具的营销效果？

拓展学习

- 参考表 3-13 中以 QQ 为例介绍 IM 营销的步骤，用自己的 QQ 做一次 IM 营销。

表 3-13 以 QQ 为例介绍 IM 营销的步骤

1. 自身界面包装	个人资料修改：昵称、头像、签名、年龄、地区、电话、邮箱、职业、毕业院校、个人主页、个人说明等
	QQ 空间：空间名称、空间说明、签名档、日志、相册、好友动态、今日热点、可能认识的人、好友生日
2. 寻找客户	通过空间可能认识的人 通过发日志相关关键词而引出的人 最方便快捷的是加群，并在群里寻找
3. 客户沟通与维护	沟通技巧 客户资料管理

实训演练

1. 实训内容：请结合时事热点选择合适的 IM 工具进行一次热点营销。

2. 实训目的：掌握对 IM 工具的运用。

3. 基本步骤：(1) 关注和了解时事热点，并进行分析；(2) 选择合适的 IM 工具并说明原因；(3) 制定 IM 营销方案。

项目四

手机新媒体营销

情境创设

为了寻找新的营销灵感，张丹和王翔决定去考察各大商场，他们发现大多数商场已经推出自己的 App，各大品牌门店也通过手机扫二维码的方式来推广自己的品牌。

他们认为，在人人有手机的今天，手机新媒体营销更能打入消费者群体。在公司会议上，两人提出他们的农副产品品牌也需要进行手机新媒体营销。

探讨

新媒体技术在手机上的应用使得手机成为信息的承载体。手机的特质使得海量信息的浏览变得随时随地、随心所欲。如何运用 App 和二维码来营销呢?

学习目标

通过学习本项目，你应该能够：

（1）理解 App 营销的含义和二维码的原理；

（2）掌握 App 营销的特点及优势；

（3）掌握 App 营销的盈利模式；

（4）掌握二维码的特点和优势；

（5）掌握二维码营销的四种方式；

（6）树立手机新媒体营销的意识；

（7）熟悉手机新媒体营销的工具。

任务一 App 营销

做中学

叫外卖、刷新闻、玩游戏、娱乐、工作、社交聊天、买电影票等，在全新的移动互联网时代，手机 App 已经成为互联网创业的最大入口，成了商家争夺的焦点。图 4-1 中的这些 App 你都认识吗？

图 4-1 手机 App 图集

知识链接

App 是英文 application 的简称。由于 iPhone 智能手机的流行，现在的 App 多指第三方智能手机的应用程序，通过与手机合作的形式参与互联网商业活动。

目前比较著名的 App 商店（第三方软件提供者）有 Apple 的 iTunes 商店里面的 App Store，Android 的 Google Play Store，诺基亚的 Ovi Store，还有 BlackBerry 用户的 BlackBerry App World①。

---

① 上海泽恩网络科技有限公司．App 营销报告书．Book 118，2014-02-07.

随着智能手机等移动终端设备的普及，人们逐渐习惯了使用 App 客户端上网的方式，而目前国内各大电商均拥有了自己的 App 客户端。App 客户端的商业使用已经崭露锋芒。

App 已经不仅是移动设备上的一个客户端那么简单。如今，在很多设备上已经可以下载厂商官方的 App，对不同的产品进行无线控制。

App 可以广泛应用于各行各业，但凡有营销需求的企业都能够利用 App 去更快速、更便捷、更优质地服务用户。

目前，App 涵盖了大众在生活中的各种需求，如图 4-2 所示。

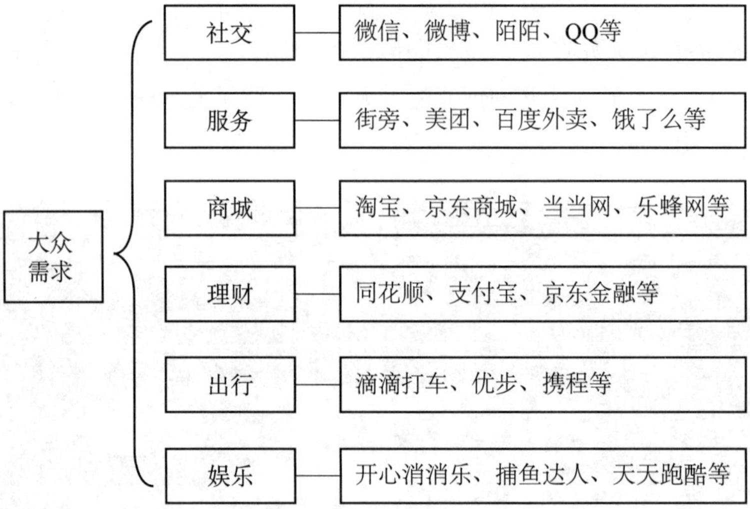

图 4-2 App 涵盖的大众需求

资料来源：刘伟．一本书读懂 App 营销．北京：清华大学出版社，2017.

一、App 营销的概念

App 营销，就是应用程序营销，指的是通过智能手机等移动终端上的应用程序开展的营销活动。作为移动互联网时代新兴的营销模式，手机 App 营销凭借精准互动和个性化的特点被企业所推崇。当前的 App 营销多指第三方智能移动平台的应用程序营销[①]。

二、App 营销的特点及优势

（一）App 营销的特点[②]

传统无线营销主要是通过电信服务提供商并借助手机媒体进行信息的传递，很少用

① 许天栊．手机 App 营销模式相关研究．阜新：辽宁工程技术大学，2016.

② 刘峰．手机 App 营销模式及其关键问题分析．电子商务，2014（10）.

App 作为传播工具。因此与传统无线营销模式相比，App 营销模式的特点主要表现在以下几方面。

1. 信息传播方式

传统手机媒体以短信为主要的传播方式，这种方式让消费者被动地接收信息。而 App 营销是将产品信息植于应用程序中，供用户主动下载，通过应用传播信息，没有第三方通信公司的干预。

2. 传播内容

传统模式传播的是文字或者少量图片的信息，用户不能全面地了解一个产品，并且这些信息的传递都需要企业和用户两者向电信运营商支付昂贵的费用。而现代智能手机 App 中则包含了丰富的图片、视频，用户可以全方位地感受产品。

3. 用户行为差异

传统手机媒体是被动地接受信息，总在用户不知情的情况下，将营销信息强行推送给用户，这非常容易引发用户的逆反心理。而 App 营销是用户自主地选择下载自己能够接受的产品信息，能达到更好的传播效果。

4. 传播周期

传统手机媒体中接受的短信形式的营销信息往往只在一瞬间打动某些消费者，使之产生购买欲望。这种营销方式的信息传播周期是极其短暂的。但是，基于智能手机 App 的营销模式则不同，用户下载了一款好的手机应用并对之产生了好感，则相当于有了一个与之长期接触的渠道，这比单次告知性的传统手机媒体的营销手段更能产生长远的效果。而且好的 App 可以在消费者群体中形成良好的口碑效应，这也有助于信息传播范围的进一步拓展，因此延长了传播周期。

【案例 4－1】

抖音 App

抖音短视频已经成为很多人消磨时间不可缺少的一个 App。经过这几年的发展，抖音短视频已经成为“带货小能手”，就线下实体店而言，“土耳其冰激凌”“CoCo 奶茶”“宜家冰激凌”等都被抖音带火了。同时抖音也成就了多款电商的产品，连卖家都措手不及，例如“社会人”的象征“小猪佩奇手表”，取得连网上卖家都想不到的销量，抖音用 15 秒的短视频成就了一件商品的辉煌销量。

案例思考：

抖音短视频的案例体现了 App 营销的哪些特征？

（二）App 营销的优势[①]

1. 精准营销

相较于传统的漫天撒网式营销，App 营销的最大优势便是它前所未有的高度精准性。它能够按照目标人群的个人属性，精准到目标受众的终端、时空、行为、兴趣等具体指标。一个针对某类目标受众的 App 能够准确抓住受众心理需求，进行巧妙的信息推送，从而达到很好的营销效果。例如，正在百货商场购物的你，恰逢中午时分，如何在附近地区解决午餐便是当务之急，这时某些基于地理位置服务的生活工具类 App 便会自动识别你所在的地理位置，收集分析周围数据并向你发送附近美食的信息供你选择。

2. 个性化定制

在追求个性化的时代，人们总是希望能够拥有一款方便快捷且为自己独家打造的 App，它要处处彰显使用者的个性。App 营销在个性化方面具有很大的优势。由于各种 App 形式丰富，种类繁多，营销者完全可以根据不同目标群体的特征和使用习惯设计专属该群体的 App 呈现形式和内容，使用户获得更为对味、更富服务体验的营销信息，真正做到根据用户需求改变服务方式和内容的定制式营销。同时，近年来比较火热的手机"族群论"，诸如折扣族、签到族、微博族、搜索族等也为 App 营销的个性化精准投放提供了参考和依据。

3. 全面展示商品信息

作为天然的社会化媒体，手机和平板电脑等移动终端是最有效的互动平台。App 营销正是借助移动终端的随身性特点，在整合各种移动新技术的基础上实现人机互动，以及后端人与人之间的互动，使得互动 N 次放大传播。用户打开 App 进行操作的同时便能够将体验心得、使用感想等实时发布并分享至好友，增加用户间及用户与品牌之间的互动交流。例如，很多基于 LBS（基于位置的服务）、AR（增强现实）、QR（快速反应）等新技术的应用程序，让用户在购买产品之前就感受到产品的魅力，自然也就减少了大众对于产品的防备心理，从而通过产品来直接刺激用户的购买欲望。

4. 成本低

低成本是 App 营销的最大特点。与网络、电视、报纸等营销模式相比，App 营销的费用是最低的，效果也很好。App 营销只需要结合企业品牌，开发出一个与企业品牌对应的应用软件，在推广方面也只需花费极少量的费用。另外，开发 App 所需要的人力成本，较之传统营销也低了很多。

5. 持续性

App 营销的持续性相对于其他营销模式来说还是比较高的，从以下两点可以看出：

---

① 唐乘花．数字新媒体营销教程．北京：清华大学出版社，2016.

（1）推荐分享。当用户将 App 下载到手机上之后，如果 App 里的功能能够给用户带来很好的体验，用户就可能会把 App 推荐给自己身边的亲朋好友，从而扩大 App 的应用范围。

（2）滞留桌面。就算用户不经常使用 App，App 也能在用户的手机桌面上停留很长一段时间。而有时候，因为手机程序或者下载路径的关系，某些 App 需要用户自行删除应用才能真正卸载掉。

这样一来，企业就能保持销售的可持续性，实现销售的稳定增长。智能移动终端已经成为网络用户打发碎片化时间的首要工具，有吸引力的 App 必将产生用户黏性，被用户持续使用。

6. 品牌建设

App 可以提高企业的品牌形象，让用户了解品牌，进而提升品牌实力。良好的品牌实力是企业的无形资产，为企业形成竞争优势。App 可以保持企业和客户的密切互动沟通，从而不断满足客户的个性需求，建立稳定的企业忠实顾客群，达到企业长期稳定高速发展的目标。品牌 App 的功能多种多样，如图 4－3 所示。

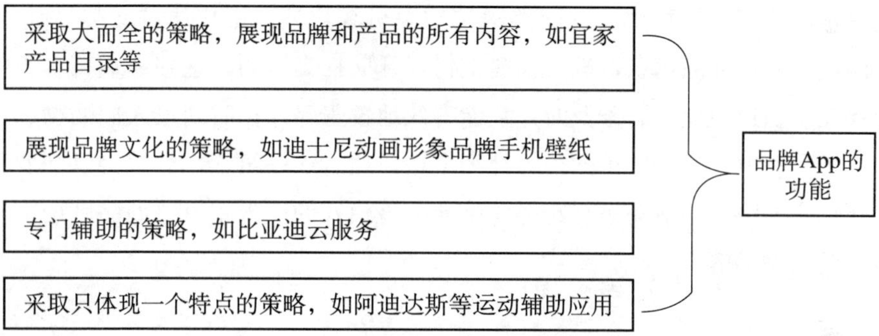

图 4－3　品牌 App 的功能策略

7. 方便网购

由于移动终端体积较小、方便携带的特性，以及覆盖范围日趋广泛的 Wi-Fi 环境和 4G 业务的普及，网购等电子商务活动更加频繁地被应用于移动 App。

三、App 营销的盈利模式

不同的应用类别需要不同的模式，App 营销的主要盈利模式有植入广告模式、用户参与模式和网站移植模式。其中植入广告和用户参与是最常见的两种模式。

（一）植入广告模式

在众多的功能性应用和游戏应用中，植入广告是最基本的模式，广告主通过植入动态广告栏形式进行广告植入，当用户点击广告栏的时候就会进入网站链接，进而了解广告主详情或者参与活动。这种模式操作简单，只要将广告投放到那些下载量比较大的应用上就能达到良好的传播效果。其推广目标是提高品牌知名度和吸引更多用户注册。但是，这种模式的缺点也是很明显的。现在很多 App 中广告泛滥，甚至有很多恶意广告，这些因素使得消费者对广告植入类 App 产生了很大的抵触情绪，并逐渐刻意避开这些广告链接。因此这种模式只适合短期的企业产品信息传播，不适用于企业长期的品牌建设[①]。

（二）用户参与模式

这种营销模式主要的应用类型是网站移植类和品牌应用类。企业把符合自己定位的应用发布到应用商店内，供智能手机用户下载。用户利用这种应用可以很直观地了解企业的信息。手机应用成为用户的一种工具，能够为用户的生活提供便利性。这种营销模式具有很强的实验价值，让用户了解产品，增强产品信心，提升品牌美誉度。

（三）网站移植模式

网站移植模式多为购物类、社交类网站的手机客户端。用户通过此类 App 可以随时随地浏览网站，获取商品信息，进行快捷支付，开展社交活动。这种模式相对于传统网站的最大优势在于快速便捷、服务及时，它能有效地覆盖碎片化时间里人们购物、社交的需求，是品牌扩大影响、进行营销的得力补充渠道。通过这一纽带，品牌得以网罗移动互联网上的活跃用户，将营销活动进行跨媒体整合。该模式的广告主以电商品牌居多，如淘宝网客户端、凡客诚品等。

拓展学习

- 以小组为单位，成立一个模拟公司，你们会如何设计属于你们公司的 App?

实训演练

1. 实训内容：找一款自己感兴趣的 App，对其进行分析。
2. 实训目的：了解 App 营销的优缺点和特点。
3. 基本步骤：从以下方面对 App 进行分析：

（1）用一句话概括产品的定位：包括使用人群、产品特色和主要功能。

（2）思考 App 的目标用户类型：简洁地列举三种用户，如天天宅寝室的大学生。

（3）思考 App 的使用场景：简洁地描述三种可能的使用场景，如在没有网络的地

---

① 徐可塑．移动 App 营销策略探析．现代营销旬刊，2015（4）．

铁上。

（4）思考用户会用这个 App 来干什么：列举三种用户目标。

（5）结合用户体验原则：综合对 App 的用户体验的分析，给出该 App 的三个用户体验关键词。

（6）指出 App 优缺点：指出 App 的优点或缺点。

（7）提出产品建议：给出一个 App 产品设计上的建议。

（8）给出星级评价：给出你对此 App 的星级评价。

任务二 手机二维码营销

做中学

表 4-1 中所示的渠道是否应用了二维码？在你认为“是”的选项后打钩。

表 4-1 二维码营销情况调查表

选项	打钩	选项	打钩
腾讯 QQ		UC 浏览器	
微信		360 手机卫士	
微博		Wi-Fi	
美拍		线下支付	
企业名片		火车票	
爱奇艺视频播放器		餐厅点餐	

知识链接

一、二维码概述

二维码（2-dimensional bar code）诞生于 20 世纪 80 年代，起源于日本，又称二维条形码或二维条码，可看作条形码的升级。它是指按照一定的规律，由黑白相间的方格在平面（二维方向）上分布的用来记录数据符号信息的特定几何图形。

二维码利用黑白方格表示二进制数据，在代码编制上利用计算机内部逻辑基础的“0”“1”的比特流概念，使用若干个与二进制相对应的几何形体来表示文字数值信息，通过图像输入设备或光电扫描设备获取图像，从而识别二维码内的信息①。

其实，我们目前看到的越来越多的二维码不光是黑白的，还有彩色二维码、个性二维码和小程序码等。

我国对二维码的研究始于 1993 年。中国手机二维码产业经过近些年的发展，已经进入成长期。由于二维码的趣味性、便捷性、互动性、创意性等特点，二维码成为企业吸引流量的重要营销工具，为企业和消费者带来更多的价值。

如今，手机二维码已经成为我们生活中的工具。随着市场、产业链、商业模式的不断成熟和完善，手机二维码将为通信、媒体以及其他传统行业带来更多的发展机遇。手机二维码正在走进千家万户。

常见的几种二维码如图 4-4、图 4-5、图 4-6、图 4-7 所示。

图 4-4 普通二维码

图 4-5 彩色二维码

图 4-6 图形二维码

图 4-7 小程序二维码

讨论交流：

我们日常生活中还有哪些常见的二维码？

二、二维码的原理和运用②

二维码可以分为堆叠式/行排式二维码和矩阵式二维码。它们具有条码技术的一些共

① 海天理财．一本书读懂二维码营销．北京：清华大学出版社，2015.

② 参见百度百科“二维码”．

性：每种码制有其特定的字符集，每个字符占有一定的宽度，具有一定的校验功能。同时还具有对不同行信息的自动识别功能及处理图形旋转变化等特点。

（一）二维码的原理

二维码的结构如图 4－8 所示。

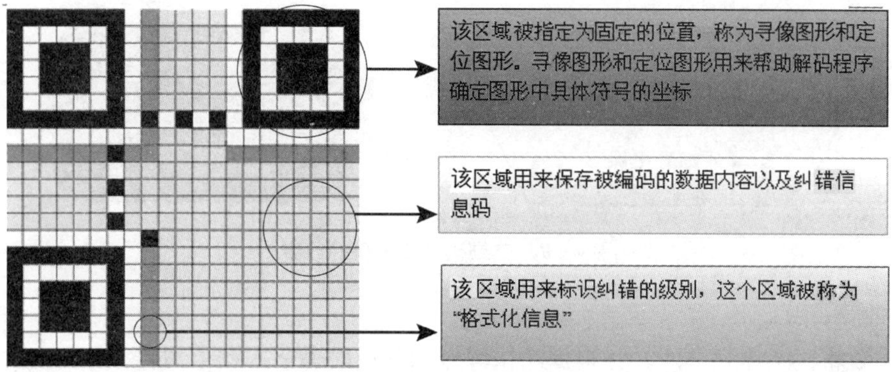

图 4－8　二维码的结构图

1. 数据分析

先要确定编码的字符类型，按相应的字符集转换成符号字符；选择纠错等级，在规格一定的条件下，纠错等级越高，其真实数据的容量越小。

2. 数据编码

将数据字符转换为位流，每 8 位字符为一个码字，即可整体构成一个数据的码字序列。知道这个数据码字序列就知道了二维码的数据内容，如表 4－2 所示。

表 4－2　二维码资料容量

资料类型	二维码资料容量
数字	最多 7 089 字符
二进制数（8bit）	最多 2 953 字符
字母	最多 4 296 字符
中文汉字（采用 BIG5）	最多 1 800 字符
中文汉字（采用 UFT-8）	最多 984 字符
日文汉字/片假名	最多 1 817 字符（采用 Shift JIS）

二维码支持编码的内容包括纯数字、数字和字母混合编码、8 位字节码和包含汉字在内的多字节字符，如图 4－9 所示。

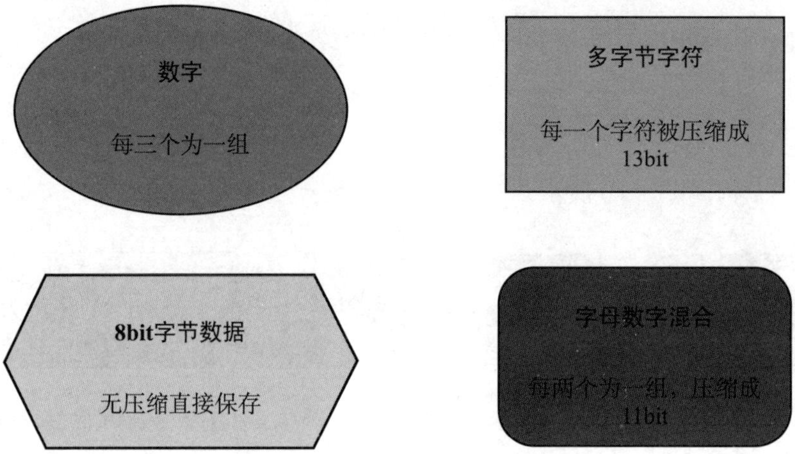

图 4－9　二维码支持编码的内容

3. 纠错编码

按需要将码字序列分块，并根据纠错等级和分块的码字，产生纠错码字，再把纠错码字加入数据码字序列后面，成为一个新的序列。二维码的纠错等级有具体的错误修正容量，如表 4－3 所示。

表 4－3　错误修正容量

水平等级	错误修正容量
L 水平	7%的码字可被修正
M 水平	15%的码字可被修正
Q 水平	25%的码字可被修正
H 水平	30%的码字可被修正

4. 构造最终数据信息

在规格确定的条件下，将上面产生的序列按次序放入分块中，按规定把数据分块，然后对每一块进行计算，得出相应的纠错码字区块，把纠错码字区块按顺序构成一个序列，添加到原先的数据码字序列后面。把上面的完整序列填充到相应规格的二维码矩阵的区域中。

5. 掩模

将掩模图形用于符号的编码区域，使得二维码图形中的深浅色区域能够按合适的比例进行分布。

6. 格式和版本信息

生成格式和版本信息放入相应区域内。

（二）二维码的运用

二维码可以分为堆叠式/行排式二维码和矩阵式二维码。

1. 堆叠式/行排式二维码

堆叠式/行排式二维码又称堆积式二维码或层排式二维码。它建立在一维码基础之上，按需要堆积成两行或多行，在编码设计、校验原理、识读方式等方面继承了一维码的某些特点。但由于行数的增加，需要对行进行判定，其译码算法与软件不同于一维码。有代表性的行排式二维码是 Code 49、Code 16K、PDF417 等。

其中 Code 49 是一种多层、连续型、可变长度的条码符号，它可以表示全部的 128 个 ASCII 字符。每个 Code 49 条码符号由 2～8 层组成，每层有 18 个条和 17 个空。层与层之间由一个层分隔条分开。Code 49 每层包含一个层标识符，最后一层包含表示符号层数的信息，如图 4－10 所示。

2. 矩阵式二维码

矩阵式二维码（又称棋盘式二维码）是在一个矩形空间通过黑、白像素在矩阵中的不同分布进行编码。在矩阵元素位置上，出现方点、圆点或其他形状点表示二进制的“1”，不出现点表示二进制的“0”，点的排列组合确定了矩阵式二维码所代表的意义。矩阵式二维码是建立在计算机图像处理技术、组合编码原理等基础上的新型图形符号自动识读处理码制。具有代表性的矩阵式二维码有 Code One、Maxi Code、QR Code、Data Matrix 等。其中 Code One 符号中包含可由快速线性探测器识别的识别图案，如图 4－11 所示。

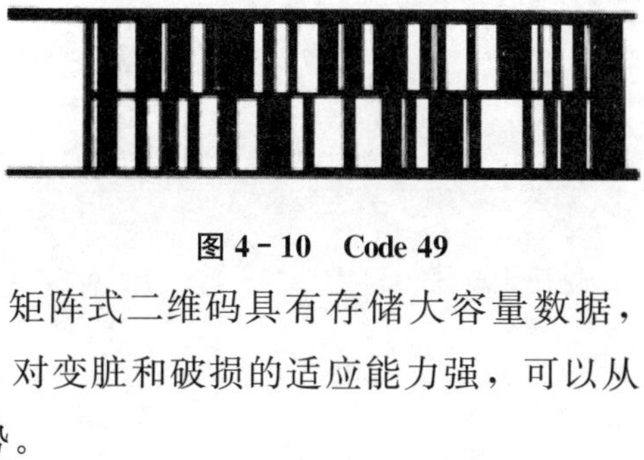

图 4－10　Code 49

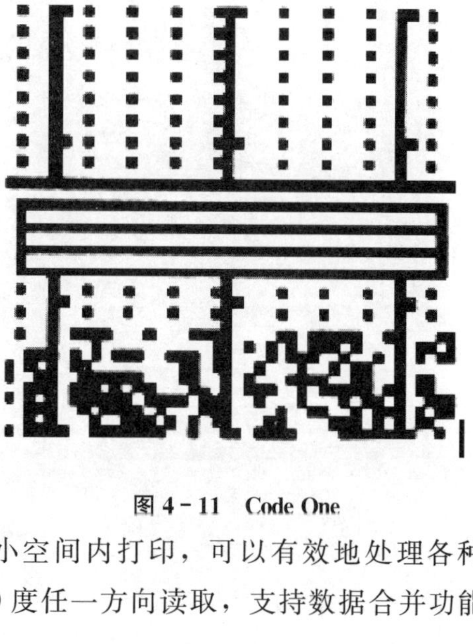

图 4－11　Code One

矩阵式二维码具有存储大容量数据，在小空间内打印，可以有效地处理各种文字，对变脏和破损的适应能力强，可以从 360 度任一方向读取，支持数据合并功能等优势。

小知识：

如何制作简单的二维码？

要使用电脑制作简单二维码，可以通过浏览器搜索“二维码生成器”，会有很多在线二维码生成工具（见图 4－12）。

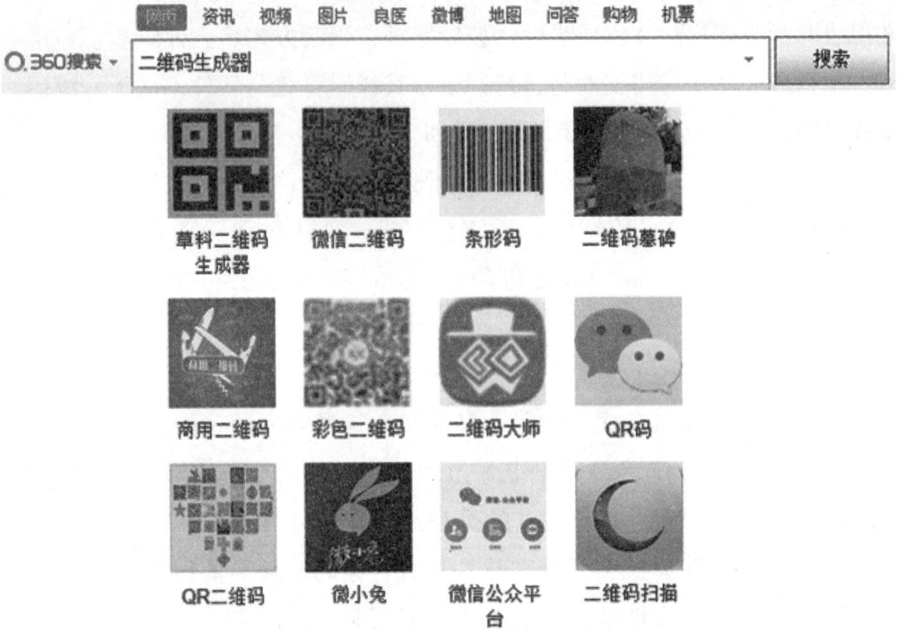

图 4－12　360 搜索二维码生成器

打开比较适合自己的二维码应用软件，如“微微在线二维码生成器”，如图 4－13 所示。

图 4－13　微微在线二维码生成器

根据个人需要，制作出属于自己的文本、名片、Wi-Fi、小程序等二维码。

三、二维码的特点和优势

（一）二维码的特点

1. 外观

普通二维码都是由看似杂乱无章的黑白矩形构成的，用肉眼是很难记住和辨别的。之所以使用黑白，是因为黑白两色对比最为明显。二维码可以五彩斑斓，但需要说明的是，构成的颜色必须要对比强烈，即一部分是深色，另一部分是浅色。构成二维码的基本元素也可以不是直角的方格，而是圆角的圆形图案，或者水滴状图案。另外，基于二维码的容错特性，二维码可以和图片进行结合，比如，可以在二维码中间加上公司 Logo 或个人照片，构成更为美观多样的图形。

2. 内容

不同的二维码携带的信息和内容是不一样的，但内容只有在被扫描并识别之后才能显示出来。不管是企业还是个人制作的二维码，每个二维码都有它自身存在的价值：或是个人名片，或是广告信息，或是网页内容。它们所携带信息的差异就是二维码之间最本质的差异，也是一个二维码存在的意义。

一个二维码中可承载丰富的内容，用户扫码之后，面前就会展示出丰富的文字、图片、音频、视频。宣传推广不再受到版面局限，从而使企业达到增加广告内容的目的，节约了广告成本。高效的互动营销，有助于对客户开展精准、高效、互动的移动营销，传播促销信息。

（二）二维码的优势①

随着智能手机的快速发展，越来越多的企业认识到二维码给企业带来的效益。二维码营销能够轻松实现线上和线下的有机结合，通过二维码将客户从线下引导到线上，引导用户访问企业网站，从而提升关注度和品牌形象，带动客流量和销售量。二维码营销目前已被不少企业成功运用于各大平台。

例如，现如今用户想去外面享受美食，通常会在“美团”上浏览美食商家，找到自己满意的美食后即在美团网团购下单，到店后凭借美团券码，让商家扫描这个二维码便可完成消费，同时可获得美团的优惠价格。正是二维码的这一便捷运用，使得越来越多的商家都借此推出了属于自己的二维码营销。

作为一种全新的营销方式，二维码营销已经渗透到各行各业当中，那么二维码都存在哪些优势呢？

---

① 苏高．二维码的秘密：智能手机时代的新营销宝典．北京：清华大学出版社，2014.

1. 高密度编码，信息容量大

二维码可容纳扩展的字母数字压缩格式 1 850 个字符，数字压缩格式 2 710 个数字，二进制/ASCII 格式 1 108 个字节，或超过 500 个汉字，比普通条码信息容量高出几十倍。如此大的信息容量能够将多种形式的内容转换成二维码，通过扫描的形式，传播种类繁多、内容丰富的信息。

2. 应用范围广

二维码的应用范围涉及资产管理、文件管理、门禁及出勤管理、医疗管理、餐饮管理、邮件及运输管理、物流业管理、生产管理、原物料管理、仓储、物联管理等各行各业。

3. 编码范围广

二维码不但可以储存文字、数字、字母、签名一类的数据信息，还可以将图片、声音、网址链接甚至是一个简短的视频作为条码储存起来，达到读取识别的作用。另外，二维码还可以表示多种语言文字，以及图像数据。二维码的编码范围之广是以往任何一种条码所达不到的。

4. 容错能力强，具有纠错功能

二维码由于外界某种原因，可能会出现破损、穿孔或脏污的情形，这时若依旧想读出二维码中包含的完整信息就要依赖于它的容错能力。可借助没有被损坏的部分将二维码的信息读取出来，损毁面积达 50%的情况下仍可恢复信息。

二维码具有容错能力的原理是在其编码的过程中进行重复编码。比如需要编码的码字数据有 100 个，然后想对其中的一半，也就是 50 个码字进行纠错，则要对这 50 个码字进行重复编码，就像是将 678 编为 678678。

5. 译码可靠性高

一般条码的错误率有百万分之二，但二维码的误码率不超过千万分之一。这个数据表明二维码的译码可靠性极高。

二维码都会在它的三个角上放置定位图形。定位图形不能储存信息，只能对图形进行定位，通过三个点完整定位一个图形，从而清楚地确定数据范围。另外，三个点可以确定一个平面，省下来一个角的空间便可以储存更多的信息。

6. 可引入加密措施

二维码本身并不具有保密功能，其加密功能的运用需要在二维码内引入加密措施。在对二维码进行扫描时，其实是通过定位图形来定位二维码的区域，然后根据二维码的编码格式信息和纠错码，对数据进行解读。解码的过程就是编码的逆过程。

7. 成本低，易制作，持久耐用

由于二维码可以承载大量的信息，所以它的使用价值是极高的。但是它的制作过程并不需要任何的工具材料成本，用户可直接在电脑上根据需要进行制作并保存，制作起来也很容易，完成后的作品持久耐用。

8. 尺寸可变

二维码的扫描原理是在横向和纵向两个方向、两个维度，用某种特定的几何图形按一定规律在平面上分布黑白相间的图形记录数据符号信息。因此对二维码的形状和大小、比例进行调整并不影响其横向和纵向的黑白点数，也就不会影响对二维码的读取。

9. 易识别

通常情况下，要读取二维码中的信息，只需在智能手机上安装二维码识别应用软件即可。打开软件，对着二维码扫描，即可快速识别其中的内容。常见的识别软件有微信、扫一扫、二维码扫描器、我查查等。

10. 链接移动网络

二维码可以作为一个网络链接口，让用户直接进入厂商提供给用户的网站，从而为网站带来更多的客流量。如果商家的广告新奇、时尚、有创意，便能吸引更多用户进行浏览，从而提高厂商在潜在用户中的知名度。二维码链接移动网络这一优势，可使企业通过二维码与传统媒体进行线下营销活动结合，展开整合营销。

11. 定位和监控营销效果

二维码营销平台主要是用户占主导地位，所以商家可以利用用户对二维码的扫描情况进行准确的定位和营销监控。广告主对所有媒体和访问者的访问方式以及访问总量进行跟踪和分析，通过扫码的方式让用户参与线上线下的活动，如抽奖、领取优惠券、做问卷调查等，让用户留下手机号码等身份信息，以此来进行营销计划的调整和营销策略的实施。

讨论交流：

尝试对二维码的每一种优势进行举例，说明在日常生活中二维码带给我们的便利都有哪些。

四、二维码营销的方式

二维码在人们的日常生活中出现得越来越频繁，无论是在报纸、杂志、图书、名片还是各种广告当中都随处可见。它的出现给人们的生活带来了极大的便捷。使用二维码的最终目的无非是增加企业与用户的成交率，提高企业的效益。因此，一个好的二维码平台要能强化顾客购买产品的欲望，吸引顾客消费。那么，二维码可以通过哪些方式进行营销呢？

（一）加深用户的体验

如今，大部分的二维码仍然只是作为一个广告或者优惠活动的链接入口，对于消费者来说，这种单一的网址指向是意义不大的。消费者下定决心打开摄像头，结果扫出来的只是简单的网址，点进去之后也没有关于广告产品的详情。这样的营销方式，只能是浪费了消费者的好奇心，让消费者产生一种失望的心理。因此，加深用户使用二维码过程当中的深刻感受，是二维码营销的重要方式之一。

【案例 4－2】

雪佛兰 Volt（沃蓝达）上市后就受到了很多消费者的关注。以前，通用公司主要利用宣传手册和小型的信息卡片来回答消费者的疑问。但是，因为宣传手册和信息卡片不便携带，不少 Volt 车主反映通过这些渠道来寻求解答不是很方便。于是，通用公司想出了一个办法，用二维码答疑解惑。消费者可以利用手机扫描贴在车身上的多个二维码，如图 4－14 和 4－15 所示，进而阅读到 Volt 的各类相关信息。通用公司目前将该二维码用于经销商展厅内的 Volt 汽车，并同时配送给了部分 Volt 车主。这样一来，对于 Volt 汽车感兴趣的消费者来说，不用专业讲解员的时时相伴，只要掏出手机，扫描二维码，一切疑问就可以得到解答。另外，二维码提供的是更为标准化的车型信息，避免了口头表达不准确或者不恰当造成的误解。

图 4－14　Volt 二维码 1

图 4－15　Volt 二维码 2

案例思考：

雪佛兰汽车上市后利用二维码进行营销的方式是什么？

（二）给用户带来神秘感

企业在运用二维码的同时，可以考虑如何利用二维码给用户带来神秘感，让二维码实现除它本身功能以外的附加价值。在日常生活中，突如其来的神秘礼物会给人们带来意外的惊喜感。企业在二维码营销方式上考虑此举必然也会深受用户的喜爱。

【案例 4-3】

年夜饭、拜年、压岁钱，是过春节的“保留节目”。自从 2013 年的春节开始，网络成为很多人节俭过年的途径：用更便宜的微博、微信送祝福，拍张照片在微博上晒“光盘”年夜饭，编个二维码给远方的晚辈送一份压岁钱……人们把这种种变化称为“微过年”。年要过得好，更要过得“潮”，很多年轻人利用网络过了一个温馨节俭年。有更多的人开始选择通过网络为亲朋好友送上祝福。“数字化贺新春”成了很多人过年的新途径。二维码压岁钱，除节俭之外，还可以给远方的朋友带来一份秘密的惊喜。

王雪在上海工作，没回北京过年。除夕晚上，她给自己在北京的 4 岁小侄子发送了一个“二维码压岁钱”红包。“今年回不去，但过年我这当姑姑的还是想让小侄子高兴一下，汇款太麻烦也不值当的，正好朋友介绍这种方式，不过要我哥帮忙接收。”

这种被称为“二维码压岁钱”的形式是由支付宝推出的。用户可以登录支付扫码平台，输入收款人的支付宝账号和付款人的支付密码，填上每次收红包的金额数和新年祝福语后，系统就会产生一张独一无二的个性新年红包二维码（见图 4-16 至图 4-18）。

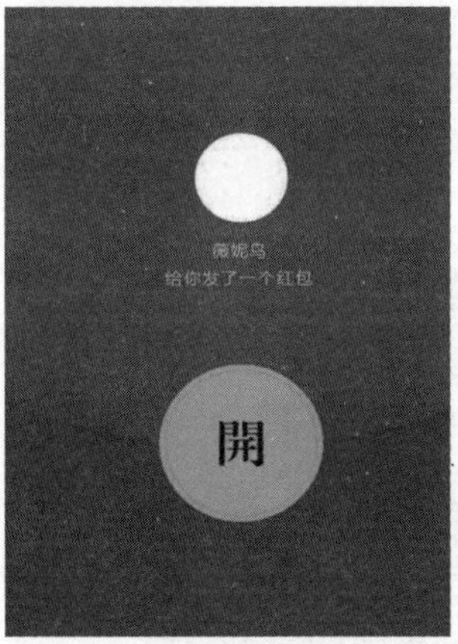

图 4-16　新年红包 1

图 4-17　新年红包 2

图 4-18　红包二维码

另外，用户还可以通过微博、人人网、邮件、彩信或 QQ 等途径对外分享这张二维码，甚至打印出来。如果有意送上压岁钱，则可以填写金额，然后点击“确认支付”按钮即可。

也就是说，只要双方都有支付宝账号，并在手机上安装了支付宝，就可以玩这个游戏，在新年来临时带给亲朋好友惊喜。通过支付宝二维码收取压岁钱的网友，还能把自己的新年祝福语编进二维码，和朋友们分享新年的吉祥喜悦①。

因为网络，春节将留给我们一些不一样的记忆，中国式拜年进入了“微时代”。

---

①　海天理财．一本书读懂二维码营销．北京：清华大学出版社，2015.

案例思考：

请举出二维码在日常生活中给人们带来惊喜和神秘感的例子。

（三）促进用户消费

在线上线下结合的过程中，二维码发挥着巨大的作用。二维码的后端可以蕴藏丰富的资讯，通过摄像头扫描二维码，用户就可以进入另一番天地。这就需要企业开展创意性营销方案，使得其在销售的低迷时期也能拉动客流量，促进用户消费，进一步提高企业的销售额。

【案例4-4】

案例一：超市在中午的时候，人流量和销售量总是很低，于是韩国Emart超市别出心裁，在户外设置了一个非常有创意的二维码装置，正常情况下看不到这个二维码链接，只有在正午时分，经过阳光照射后，这个二维码才会显现（见图4-19）。而此时用智能手机扫描这个二维码，可获得超市的优惠券，如果在线购买了商品，只需等超市物流人员送到用户指定的地址即可。Emart超市巧妙地将二维码技术与时空结合，设计出针对其销售低潮时期的营销创意。

图4-19 Emart二维码

案例二：在韩国，零售巨人特易购（Tesco）公司在熙熙攘攘的地铁站里推出了“移动超级市场”，消费者能够迅速地扫描选购需要的商品。晚上，当他们回到家中时，这些货物早已送达。凭借这一举措，特易购迅速成为韩国在线零售业务的领跑者。而这种营销方式目前也为国内的综合性购物网站“一号店”所学习，在北京和上海的地铁和公交站点进行了小范围的推广。

2011 年 1 号店在地铁中建立虚拟超市。地铁的灯箱中“摆”满了各种商品，顾客可以在等地铁的间隙浏览超市商品，看到需要的商品对下方的二维码进行扫描即可，让顾客省去了排队的时间，也不用大包小包拎回家，顾客只需用手机扫描商品旁的二维码放进购物车再统一通过手机付款，商品就会送往家中。

资料来源：刘东明．“码”到成功：十大经典二维码营销案例．新浪博客，2012-07-11；海天理财．一本书读懂二维码营销．北京：清华大学出版社，2015.

案例思考：

请举例说明二维码还有哪些使用方式促进了人们的消费。

（四）调动用户的积极性

很多企业都在自己的海报、产品、宣传广告上加入了二维码，设计出的二维码能有效增强用户与企业的互动是关键。既然企业要应用二维码，就该利用二维码去调动用户的积极性，让用户在与企业高度互动的同时，强化用户的购买欲望，以此达到提高企业效益的最终目的。

这就需要企业变通营销方式，将企业官方二维码印刷在报纸、杂志、广告、图书、包装以及个人名片等多种信息载体上，用户可通过扫描二维码实现快速浏览活动信息、获取优惠券、参与抽奖等活动，从而提高产品或服务的转化率。

【案例 4-5】

案例一：土耳其航空公司曾使用二维码跟消费者玩了一个“寻宝”游戏，消费者可以通过寻找二维码获得免费机票。据悉，土耳其航空公司将 73 个奥运会参赛国家的国旗制作成二维码，分别投放到伦敦市内 94 个公交站点，然后邀请人们参与“寻宝”活动。具体方法为：参与者只要找到“藏”在公交站的二维码并用手机扫描，就能获取一面国旗，并凭借该国旗在土耳其航空移动网站形成自动登记。收集最多国旗的人可以从土耳其航空 200 多条全球航线中任选一个目的地，获得一张免费的往返机票。土耳其航空公司使用二维码做互动营销的用意，主要是通过二维码在虚拟和实体间建立沟通的渠道，并且将互动游戏的使用者转化为航空公司的潜在会员。

案例二：零售商 JCPenney 让顾客在礼物上添加个性化的元素。从任意一家 JCPenney 商店购买礼物后，顾客都会获得一个“圣诞标签”（Santa Tag）以及相应的二维码。扫描该二维码后，赠予人可以为接收人录制一段个性化的语音信息，然后赠予人把该标签像礼品卡一样附在包装上，如图 4-20 所示。

图 4-20 “圣诞标签”二维码

资料来源：刘东明．“码”到成功：十大经典二维码营销案例．新浪博客，2012-07-11.

案例思考：

1. 在案例一中，土耳其航空公司是如何调动消费者的积极性的？
2. 如果你是一家企业的营销人员，你能从案例二中受到何种启发？

五、二维码营销实施的限制因素

二维码出现后，无论是线上还是线下都随处可见它的身影，有些是企业的，有些是个人的。二维码的火爆预示着新的营销时代的来临。但是，在给大众的生活带来便利的同时，它也存在一定的缺陷。无论是企业还是用户，在使用二维码时有很多问题是不容忽视的。

（一）二维码存在的系统缺陷

1. 外观无法区分

大部分带病毒的二维码都是具有网站链接功能的。用户即使想避开对带有病毒的二维码的扫描，在外观上也不能轻易识别出来。在手机对二维码信息进行读取后，才能确定该二维码是否属于网站链接类，但此时，若该二维码携带病毒，则病毒早已潜入用户的手机中。

2. 制作门槛低

目前二维码制作门槛颇低，人人皆可制作和打印，对非正规网站的二维码随意扫描很可能会中毒。即使是超市或街头商场使用的收款二维码，也该先向商家确认后再扫描。否则很可能导致病毒入侵，个人隐私外露，甚至资金被盗。

（二）二维码成为诈骗的新渠道

1. 二维码钓鱼网站

我国目前在二维码的管理上还处于起步阶段，存在很多不规范之处。很多犯罪分子利用二维码在外观上无法识别的漏洞制作钓鱼网站，由以前直接在网上发送钓鱼网站的链接地址引人上钩，到现在利用二维码引人进入钓鱼网站实施诈骗。

2. 二维码病毒传播

二维码本身不会携带病毒，但很多病毒软件可以利用二维码进行下载。许多不法分子利用发送彩信、电子邮件、浏览网站等方式传播二维码病毒，导致用户手机死机、个人资料被盗窃、自动拨打电话、自动发短信、自动下载恶意程序等进行恶意扣费甚至资金盗取。

（三）二维码的发展遭遇问题

1. 核心技术缺乏

长期以来，二维码识读核心技术一直为欧美自动识别企业掌握，这在很大程度上限制了二维码技术在我国的发展和应用。从总体来看，我国的条码标准体系尚且单薄，缺乏更多具有自主知识产权的二维条码核心技术，二维码技术标准的应用和推广存在一定的困难。

2. 设备价格较贵

目前我国在传感器网络芯片研发方面与世界领先国家有一定的差距，高灵敏度、高可靠性传感器80%以上需要进口。二维码核心技术掌握在国际上少数几家公司手中，这种技术现状限制了当前二维码在我国的发展和应用。

3. 盈利模式简单

二维码无法独立生存，即便微信、微博、支付宝等App中的二维码使用广泛，专业二维码公司也很难从中获利，必须通过其他增值服务才能赚取利润，发展必然遭遇瓶颈①。

4. 缺少法律管束

二维码的发展在我国起步较晚，目前国内没有颁发明确的关于二维码管理的相关政策法规，整个行业处于自由化状态，无形中也增加了二维码病毒发生的概率②。

---

① 陈姝．二维码在广告中的应用研究．长春：东北师范大学，2015.

② 黄倩蔚．信用卡诈骗手段盘点，擦亮双眼以防被坑．南方日报，2015-02-09.

（四）企业在使用中要防患于未然

目前企业在发展二维码的过程中务必要关注的就是安全管控问题，从源头控制使用风险。另外，企业人员要做好网络安全知识的普及工作，增强大众对二维码使用风险的防范意识。在一定程度上整合各种社会网络安全资源，设置扫码限制，共同建造二维码网络安全体系。

【案例 4－6】

家住深圳的小李在工作之余开了一家网店经营服装，可惜生意一直惨淡。前几天，一“买家”发来信息，称其网店衣服漂亮，想要团购。随即，买家发来一个二维码，称二维码里有他想做的团购款式图片。见大生意上门，小李没多想，就用手机扫描了二维码，并打开链接网页。网页上都是英文，接着又跳出一个软件安装提示。按照提示，小李安装了软件，但在安装后并未看到对方所说的图片。最后，生意也没有做成。当晚，小李余额宝里的 6 900 元被转到支付宝，后又被转走。

据统计，目前发生的与余额宝有关的案件主要有以下三大类：

（1）不法分子借网民网购、下载的机会，将木马病毒伪装成图片、网址、二维码等形式，以网民电脑需升级、要安装插件为名，诱骗网民解压运行木马病毒。之后，网民一旦使用余额宝，木马病毒便会通过篡改页面或者篡改金额的方式，使网民的资金自动转账。

（2）不少网民怕账号记不住或是嫌登录麻烦，将电脑设置为自动登录，当其将使用的旧电脑出售转让时，未曾想到及时清理电脑中个人隐私内容，导致余额宝账户被盗。

（3）不少网民习惯将淘宝账号、快捷支付银行卡等与手机绑定。一旦手机丢失，犯罪分子就以异地补办手机卡的方式获取手机验证码，然后更改支付宝密码实施盗窃。

资料来源：佚名．支付宝成木马病毒重灾区，扫描二维码被盗走 6 900 元．温州商报，2014－02－20.

案例思考：

小李余额宝资金被盗属于二维码实施限制因素中的哪一种？你对自己身边类似的二维码盗窃事件有没有了解？在二维码使用过程中需要注意什么？

【案例 4－7】

目前，不用输入密码，一扫、一点即完成交易，网络支付、移动支付因其快捷方便而日益受到大众的青睐。但第三方支付尤其是移动支付在方便快捷的同时，也潜在一定的安全风险，金融消费者在使用第三方支付时，应坚持“安全为先，便捷在后”，坚持“小额”“小微”原则，掌握安全使用技巧，避免财产损失。

中信银行东莞分行有关工作人员整理了几起风险案例，提醒广大消费者警惕第三方支付风险。

骗取付款码

2017年东莞市检察机关办理了孙某等12人微信诈骗案。不法分子建立“代刷二维码群”微信群，用于行骗信息沟通与分赃。该群由骗码者、扫码者和实体店分工合作，孙某等人作为扫码者，传授群友骗取支付二维码的方法，再由群内众多骗码者各自通过微信向陌生人骗码，得手后迅速将骗到的支付二维码私下发给扫码者，由扫码者派人在联系好的实体便利店里套现，套现得手后按比例分成。短短四个月，孙某等人利用上述方式先后对数千人实施微信诈骗，已经查证的近百名微信用户共被诈骗15万余元。

虚假收款码

一些商家由于没有安装扫码收款的终端设备，为方便收款，便直接将自己的收款码打印张贴在商铺内，让消费者直接与其进行面对面交易。不法分子用自己的收款二维码偷偷覆盖商家二维码，趁商家和消费者疏忽，让消费者错扫其二维码，便可轻松获利。

某地警方抓获了一名用自己的二维码覆盖商家二维码来获利的嫌疑人。被抓获时，其挎包里放有38张身份证件、11张手机卡、10张银行卡，除此之外还有300多张二维码。

资料来源：佚名．中信银行提醒您防范第三方支付风险：安全为先，再享便捷．大众网，2017-07-28.

案例思考：

以上案例中，不法分子实施诈骗的途径是什么？谈谈你的感想。

手机二维码是二维码在移动通信终端上的应用，它包含的信息量大，方便快捷，应用前景十分广泛。但同时随着二维码应用的普及，病毒木马也开始利用二维码进行扩散和传播，因此在二维码的使用过程中要注意加强信息安全措施，保障移动终端和系统的安全。

讨论交流：

针对手机二维码发展的当前趋势，我们在使用当中应规避哪些问题？

拓展学习

- 登录百度（www.baidu.com），搜索“草料二维码生成器”，制作一个嵌入Logo的二维码。
- 小组讨论：除了在二维码中嵌入Logo，还可以嵌入什么样式？将讨论的内容制作完成并展示成果。

实训演练

1. 实训内容：了解国内外当前应用二维码营销的典型成功案例，小组模拟经营企业实施二维码营销，拟订一个或多个个性化的营销方案。

2. 实训目的：了解二维码的原理和作用，掌握二维码营销的方式。

3. 基本步骤：(1) 全班 5～6 人分成一组，每组确定经营企业的类别及名称；(2) 制定小组企业的个性二维码，以及二维码内包含的详细信息，讨论二维码营销方案；(3) 小组展示。

项目五

数字电视新媒体营销

情境创设

随着数字与信息技术的迅猛发展，数字电视新媒体营销产业引起社会各界的广泛关注。传统电视广告已经不能满足商家的需求，数字电视新媒体营销顺势而起，它以覆盖面广、形式新颖等特点成为品牌商的选择。李想认为他们的农副产品品牌想要更进一步发展，采用数字电视新媒体营销是一个可行的途径，这一提议获得了王翔和张丹的赞同。

探讨

为了把握数字电视新媒体营销产业的发展方向、了解数字电视新媒体营销的发展优势、掌握数字电视新媒体营销的主要方式，三人决定分工合作。张丹到电视台实习一周，主要负责学习数字电视新媒体的实际用途、发展前景和发展优势。李想和王翔到广告公司实习，主要负责学习数字电视广告的基本形式、特点、受众特征及营销策略等。

学习目标

通过学习本项目，你应该能够：

(1) 理解数字电视新媒体的含义；

(2) 了解数字电视新媒体的实际用途；

(3) 了解数字电视新媒体的发展前景；

(4) 了解数字电视新媒体的发展优势；

(5) 掌握数字电视新媒体营销的主要方式；

(6) 掌握数字电视广告的基本形式；

(7) 掌握数字电视广告的特点；

(8) 掌握数字电视广告的受众特征及接受特点；

(9) 掌握数字电视新媒体的营销策略。

任务一 数字电视新媒体概述

做中学

在表 5-1 所列选项中，在你认为是数字电视新媒体的技术特征和优势的选项后打钩。

表 5-1 数字电视新媒体的技术特征和优势

选项	打钩	选项	打钩
采用数字信号传输电视图像、伴音、附加功能等信号		信号数据量少，价格便宜	
信号的传输率高		采用模拟信号传输	
具备可扩展性、分级性、交互性、与网络的互通性		信号不易在传输中失真	
灵活友好的人机界面		频道资源利用率高	

结合教材中的知识链接，理解数字电视新媒体的含义和优势。

知识链接

一、数字电视新媒体的含义

数字电视又称为数位电视或数码电视，是指从演播室到发射、传输、接收的所有环节都是使用数字电视信号，或对该系统所有的信号都通过由 0、1 数字串所构成的二进制数字流来传播的电视类型，与模拟电视相对。其信号损失小，接收效果好。

数字电视是一个从节目采集、节目制作、节目传输直到用户端都以数字方式处理信号的端到端的系统。基于 DVB 技术标准的广播式和交互式数字电视，采用先进用户管理技术，能将节目内容的质量和数量做得尽善尽美，并为用户带来更多的节目选择和更好的节目质量效果。数字电视系统可以传送多种业务，如高清晰度电视（HDTV 或高清）、标准清晰度电视（SDTV 或标清）、互动电视、BSV 液晶拼接及数据业务等。与模拟电视相比，数字电视具有图像质量高、节目容量大（是模拟电视传输通道节目容量的 10 倍以上）和伴音效果好的特点。

二、数字电视新媒体的实际用途

数字电视采用了双向信息传输技术，增加了交互能力，赋予了电视许多全新的功能，使人们可以按照自己的需求获取各种网络服务，包括视频点播、网上购物、远程教学、远程医疗等新业务，使电视机成为名副其实的信息家电。

数字电视提供的最重要的服务就是视频点播（VOD）。VOD 是一种全新的电视收视方式，它不像传统电视那样，用户只能被动地收看电视台播放的节目。它提供了更大的自由度、更多的选择权、更强的交互能力，传用户之所需，看用户之所点，有效地提高了节目的参与性、互动性、针对性。因此，可以预见，未来电视就是朝着点播模式的方向发展的。数字电视还提供了其他服务，包括数据传送、图文广播、上网服务等。用户能够使用电视实现股票交易、信息查询、网上冲浪等，赋予了电视新的用途，扩展了电视的功能，把电视从封闭的窗户变成了交流的窗口。

三、数字电视新媒体的发展前景

世界通信与信息技术的迅猛发展将引发整个电视广播产业链的变革，数字电视是这一变革中的关键环节。伴随着电视广播的全面数字化，传统的电视媒体将在技术、功能上逐步与信息、通信领域的其他手段相互融合，从而形成全新的、庞大的数字电视产业。这一新兴产业已经引起广泛的关注，各发达国家根据自己的国情，已分别制定出由模拟电视向数字电视过渡的方案和产业目标。数字电视被各国视为 21 世纪的战略技术。数字电视成了继电信引爆 IT 之后的又一大热点。

电视数字化是电视发展史上又一次重大的技术革命。数字电视不仅是一个由标准、设备和节目源生产等多个部分相互支持和匹配的技术系统，而且将对相关行业产生影响并促进其发展。

四、数字电视新媒体的发展优势

数字电视是数字信息技术的产物，以数字化、交互性为特色，它把电视传播方式与信息技术集于一身。与收看的传统模拟电视相比，数字技术的高精度使得数字电视无论是画面的清晰度还是伴音效果都大大地提高了。同时数字电视播出系统能有效地节省频道资源。而且，宽带网由于能顺畅地传播即时视频图像和清晰的声音，所以能充分应用于各个行业，开展各种综合性业务。具体来讲，数字电视有以下优势：

（1）现有模拟电视频道带宽为8MHz，只能传送一套普通的模拟电视节目，采用数字电视后一个频道可传送6～10套数字电视节目。随着编解码技术的改进，传输数量还会进一步提高，届时电视频道利用率将大大提高。

（2）清晰度高，音频效果好，抗干扰能力强。数字电视信号的传输不像模拟信号那样受传输过程中噪声积累的影响，且不受地理因素的限制，几乎可以无限扩大覆盖面，在接收端收看到的电视图像质量及收听到的声音质量非常接近演播室水平。此外，数字电视的音频效果好，可支持五声道的杜比数码（AC-3）5.1环绕立体声家庭影院服务。在同样覆盖范围内，数字电视的发射功率要比模拟电视小一个数量级。

（3）可以实现移动接收、便携接收及各种数据增值业务，实现视频点播等各种互动电视业务。实现加密/解密和加扰/解扰功能，保证通信的隐秘性及收费业务。而条件接收系统的应用，可以实现用户和业务的良好管理，确保资金的有效回收。

（4）系统采用了开放的中间件技术，能实现各种互动应用，可与计算机及互联网互联互通，开展上网、点播、远程教育的推广普及、电子商务、互动游戏的应用。

（5）易于实现信号存储，而且存储时间与信号的特性无关，易于开展多种增值业务。

（6）由于保留了现有模拟电视视频格式，用户端仅需加装数字电视机顶盒即可接收数字电视节目。①

【案例5-1】

2018年中国数字电视产业发展大会：大屏趋势不可挡

2018年7月3日，由中国电子商会、中国电子技术标准化研究院联合举办的第十四届中国数字电视产业发展大会在北京召开。

中国数字电视产业发展大会现已成为中国彩电行业极具影响力的行业大会，也是一个连接国内彩电产业上下游企业的合作平台。海信、长虹、索尼、夏普、海尔、创维、TCL、三星、LG、飞利浦等中外主流彩电厂商悉数到场，同时政府有关部门、行业机构、流通渠道代表共同出席，对中国彩电产业现状和发展方向进行了探讨和交流。

近年来，量子点、OLED、8K、激光等显示技术同步发展，人工智能、大数据、云计算等新兴技术也迅速渗透到传统电视领域，催生出彩电行业的一系列创新产品并引发业务模式的变革。那么行业内部人士如何看待不同产品和技术之间的战争，这种技术之争对未来的市场格局将有什么影响？而其中又会有什么挑战？

中国电子商会发布了《2018年1—6月中国彩电消费及下半年市场趋势预测报告》，报

---

① 参见百度百科“数字电视”.

告围绕中国彩电行业市场规模、竞争格局、产业链、生态发展、用户调查等方面阐述，在分析行业现状的同时，预测市场未来的发展趋势，以及影响市场变化的驱动力。

报告显示：2018 年适逢世界杯，彩电市场提前引爆，短期内销量大幅提振，1—6 月份测算国内彩电消费约 2 300 万台，整体仍比 2017 年同期稍有下降。1—5 月彩电出口 3 368万台，比 2017 年同期增长 26.6%，彩电出口贡献增大。纵观国内消费市场，高端、大屏、人工智能成为彩电行业未来发展趋势。

在大会现场，我们看到了一些新推出的电视产品。海信的 U7 系列电视可以说是专门为世界杯打造，特别加入了体育模式，在观看体育赛事时，可以自动识别并切换体育模式。海信自动体育模式技术通过对运动信号自动亮度优化，呈现出接近赛事的真实光照环境，让比赛画面更加真实，临场感自然也更强。

三星电视则以 QLED 显示技术为撒手锏，配合设计上的艺术感，成为会场中最具亮丽色彩和设计质感的产品，颇有未来科技的感觉；而索尼于 2018 年全新推出的 OLED 旗舰电视 AF8，配置了强大的图像处理芯片 X1 进阶版和银幕声场技术，充分实现了“音画合一”的效果；“液晶之父”夏普近些年则走 8K 电视路线，以超高清画面和环绕音效让用户能够拥有更加沉浸式的观影体验。

飞利浦、创维的 OLED 电视，广视角、自发光带来的高画质一览无余。这些产品无论是外观设计还是画质、音质体验，都顺应了人们追求更美好、更高生活品质的需求。以上这些企业也被评选为 2018 年消费者喜爱的电视品牌，可谓顺应民心。

第十四届中国数字电视产业发展大会无疑在凸显着：大屏化已然成为电视市场一个主要的发展趋势，“大尺寸+超高清”如今已经成为许多家庭选购电视的标准。

资料来源：郭众小．2018 年中国数字电视产业发展大会：大屏趋势不可挡．中关村在线，2018-07-05.

案例思考：

根据 2018 年中国数字电视产业发展大会的数据，分析国内数字电视的未来发展趋势有哪些。

拓展学习

- 登录百度（www.baidu.com），搜索新媒体时代下如何发挥数字电视新媒体的作用。

实训演练

1. 实训内容：传统电视作为单一主导媒体的时代正在终结，面对新的生存环境，讨论数字电视新媒体技术面临哪些机遇与挑战。

2. 实训目的：理解数字电视新媒体的发展前景与发展优势。

任务二 数字电视广告

做中学

数字电视广告建立在电视数字化的基础上，其不同于传统电视广告和互联网广告，是一种新型的广告形式。登录百度，搜索数字电视广告的形式与相应的技术特点，填在表5-2中。

表5-2 数字电视广告的形式与特点

数字电视广告的形式	技术特点

结合教材中的知识链接，理解数字电视新媒体营销的主要方式和特点。

知识链接

一、数字电视广告的含义

数字电视新媒体营销的主要方式是数字电视广告。数字电视广告是基于数字电视双向互动属性的基础发展而来的电视广告，是传统有线电视广告的演进，融合了传统电视广告的逼真体验特性和互联网的双向互动特性。数字电视广告不同于传统有线电视直播的单向传播形式广告，其优势在于具有互动性，即数字电视广告是信息数字化、观众拥有主动选择权的互动电视广告。

数字电视广告的最基本的形式有开机画面广告、换台广告、VOD点播广告、超链接广告、字幕广告等。

(1) 开机画面广告，指观众打开电视机后出现的整屏广告画面，持续时间为10秒左右。

(2) 换台广告，指观众调换频道时在屏幕下方出现的广告画面，持续时间约为6秒。

(3) VOD点播广告，是观众回看电视节目、点播电视剧或电影时，在影片开始前插入的视频广告，一般广告时长为30秒或15秒。

(4) 超链接广告，是指通过后台设置，在观看电视时在电视下角跳出一个动态Flash广告，用户需要时可以点击进去直接观看广告。

(5) 字幕广告，是指在观看广告时电视下方出现字幕广告的形式。

除了这几种主流广告形式外，还有一些城市的广告内容更加丰富，如杭州数字电视广告有电视主页面TVC广告，江苏数字电视还有音量条广告，广东的主菜单广告，等等。各种新颖的广告形式不断涌现①。

【案例5-2】

人保电话车险抢占数字电视新媒体营销先机

2011年年底，人保电话车险的广告开始大规模在北京歌华有线高清互动数字电视中播出，人保财险也成为第一家通过高清互动数字电视这一新型媒体开展营销的保险企业。2010年，高清交互数字电视的推广工作被列入北京市政府为民办实事工程。高清数字电视新媒体为各个行业、企业的营销新渠道拓展提供了广阔平台，此次，人保电话车险成为行业内首个涉足数字电视新媒体的先行者，成功抢占了数字电视新媒体的制高点。

人保财险电子商务部负责人表示："与用户的深度沟通和互动是人保电话车险的营销趋势，此次与北京歌华有线高清互动数字电视合作，不仅是看中了数字电视极具实际影响力的媒体平台，更是能够和用户的深度沟通形成一致性。比如，高清交互数字电视的服务理念也是丰富化、便捷性、大众化，强调信息服务应用，这与人保电话车险的核心诉求形成重合点，另外，在所面对的目标群体上，也更多集中在25～45岁之间中高家庭收入的群体。"

高清交互数字电视打造了家庭多媒体终端和社会信息化平台，真正实现了北京城百姓从"看电视"到"用电视"。它是将广播网、互联网、多媒体、现代通信等多种技术集于一体，以电视机和高清交互式机顶盒为终端，向用户提供包括高清频道收看、高清视频点

① 参见百度百科"数字电视广告".

播、在线游戏、电视支付等多种视频和应用服务。

高清交互数字电视正是基于用户电视创新应用的庞大信息网，锻造出具有独特优势的新媒体平台，为不同行业、企业提供营销渠道。继人保电话车险官方微博的成功运营以及原创性网络营销事件的深度推广后，此次人保电话车险在创新营销的征程中再次“走出”新路，成为行业内首家与高清交互数字电视媒体合作的领跑者，在与用户一次次的直接深度沟通中，拉近与用户的情感距离，形成深刻的品牌印象。

电话车险作为车险行业中的后起之秀，近两年大有可为，市场接受度很高，但是同质化竞争现象依然凸显，企业的差异化竞争逐渐在以价格、服务为基础的前提下升级到营销创新层面，力图通过营销与用户建立情感关联，获得忠实的品牌拥护者。

业内分析人士认为：“人保电话车险此次与高清数字电视合作是业内创新营销的又一次全新的尝试，通过高覆盖、高频率的直观有效的信息传递，与用户形成更细腻的情感沟通方式，抢占数字电视新媒体营销的先机。”

资料来源：于文静．人保电话车险抢占数字电视新媒体制高点．中国产经新闻，2011-12-12.

案例思考：

人保电话车险为何选择数字电视新媒体平台进行产品推广和营销？

二、数字电视广告的特点

（1）覆盖率高；

（2）具有一定的强制性；

（3）表示形式多样化；

（4）受时间因素的影响小；

（5）可以实现定向发布；

（6）可以进行实时销售；

（7）可以实时把握广告触达效果。

三、数字电视广告的受众特征及接受特点[①]

（1）触达观众重叠率高；

（2）触达群体高收入家庭偏多；

（3）受众认知度高；

（4）触达群体中中年观众偏多。

---

① 杨华钢．受众为王：数字时代的电视频道品牌营销战略．北京：中国广播电视出版社，2007.

【案例 5－3】

数字电视广告成新宠　占大公司投放三成

与传统的媒体如报纸、杂志、广播相比，电视媒体的影响力更大一些。其因直观的影像表现方式，成为不少广告商的首选。市场调查机构 IAB Releases 公布了数字电视节目广告收入的增长情况，从数据中可以看出，有超过 68%的公司机构高管对投入电视广告表示了明确支持，从中我们可以看到电视广告的发展趋势所在。

这项调查针对多个跨国公司的高管级营销人员。调查结果显示，从 2013 年开始，高管级营销人员就对数字电视广告表现出明确的支持态度，在过去几年的时间中，原来颇受欢迎的广播广告市场正逐步被数字电视广告所蚕食。地面数字电视和卫星直播电视中的广告节目由于受众范围更大而越来越受青睐。

值得关注的是，在广告投入方面，接受调查的高层人士表示，数字电视这一媒体广告投放量将会占到总投放量的三分之一左右，这一数字相比几年前的比例也有了大幅提高。

资料来源：华鹏飞．数字电视广告成新宠，占大公司投放三成．中关村在线，2015－05－02.

案例思考：

数字电视广告成为广告投放新宠的原因有哪些？

四、数字电视新媒体的营销策略①

（一）电视和企业深度合作

电视媒体面临的一个市场环境就是：电视频道的节目增加后，群众变得比较分散，大众传播的时代已经发生改变，逐渐变为分众或小众的传播时代。媒体分化的背后是受众心理需求的改变，受众形成了多元、多重的群体，且有着不同的媒体动机和需求。这就导致受众的消费行为多样且比较随意；对于广告主，有利于提供更准确的广告方式，在不同的时间传达不同的节目。

受众的分化使得很多频道应运而生，这些频道比较专业化。专业化的频道的目标群众非常清晰，不同频道的目标群众比较独立，存在着不同的特征，他们在各个方面都有着不同的特征，消费行为以及消费习惯都存在着巨大的差异。广告客户在选择媒体的时候就可以选择与自己群众相适应的媒体，把资源合理地配置。

（二）延伸产业价值链

营销手段不能固守以前的手段，而应该进行创新，采用多样的手段，把多种销售渠道

① 徐国治．新媒体冲击下的 RR 公司数字电视客户营销策略研究．昆明：云南师范大学，2014.

结合起来。营销模式的创新主要是在营销活动上，营销活动要有目的性和针对性。

1. 体验营销

体验营销就是企业通过产品进行销售，在提供产品的时候附加一些服务，让消费者体会到服务，最终使得客户满意。三网融合是体验产品的开端，三网融合是否让消费者得到了真正的体验呢？服务行业最在意的就是要让消费者能体验到服务，让消费者在整个过程中觉得满意或者快乐，这样才能获取更多的客户资源，有利于竞争。体验经济的时代已经到来，当体验到新产品的时候，消费者觉得非常满意，那么这样的产品和服务就能获得更多消费者的认同。

2. 借势营销

借势营销就是通过一些重大的事件帮助产品进行营销，也就是通过对这些重大事件进行赞助，成为赞助商，在活动中就会有相关企业的宣传产品，把这些产品信息传达给受众群体。借势的作用非常大，但是只有利用得好才会起作用，否则会适得其反。

（三）精确传播营销

现在的电视节目不能满足观众的个性化需求，各种电视要想在市场上长久地发展下去，就应该在各个方面突破现有的束缚。为了促进数字电视的发展，电视界达成了一个共识，就是坚持内容为主，把服务放在首位，要有个性地求生存，所以数字电视节目的内容将受不同群众的喜爱，它们将推出很多的服务。

传播者推出的个性化服务满足客户的个性化需求，数字电视的特点符合传播信息的特征，它们是以客户的需求为导向，尽量满足客户的需求，推出不同的节目频道，尽量提高电视的收视率。分清市场的大小，打造品牌，最大化地满足个性化的需求，推出更多专业化频道。

受众消费者越来越个性化，受众人群是数字电视的终端用户，与之前的模拟时代的受众群体存在着区别。随着社会的进步、文化水平的提高以及收入水平的提高，人们的个性特点也展现出来，他们的特点也表现在对数字电视业务的消费上面。用户和运营商的关系变成信息服务的供求关系，数字电视的服务渠道多样化，用户可以根据自己的喜好享受不同的服务。

数字电视以前的传播方式是点对面的方式，而现在是点对点的传播。数字电视新媒体的出现，使得数字技术在电视行业得到充分的利用。很多媒体都是依靠这项技术开发出来的，电视的传播方式在发生改变，用户现在可以看自己喜欢的节目。

讨论交流：

针对数字电视新媒体的发展趋势，我们应该怎样把握呢？

拓展学习

● 登录百度（www. baidu. com），搜索数字电视新媒体广告与传统电视广告的区别。填写表 5 - 3。

表 5 - 3　数字电视新媒体广告与传统电视广告对比

	数字电视新媒体广告	传统电视广告
到达率		
使用习惯		

● 小组讨论：中国加入 WTO 后，国外电视频道资源及制作的一部分节目内容逐步进入中国。在信息资源的争夺上，国内数字电视内容提供商该如何应对来自境外媒体的有力竞争和挑战？

实训演练

1. 实训内容：上网调查近三年我国传统媒体（报纸、网络、电视、杂志、广播 ）与新媒体广告市场份额的变化情况。

2. 实训目的：掌握新媒体的发展前景和发展趋势。

3. 基本步骤：(1) 上网查询、收集资料；(2) 编写一份主题为“我国传统媒体与新媒体广告市场份额分析”的报告。

项目六

户外新媒体营销

情境创设

在尝试了线上媒体营销的方式以后，张丹、李想和王翔的农副产品品牌影响力越来越大，家乡的农副产品远销全国各地。三人一鼓作气，将目光扫向了新媒体营销的最后阵地——户外新媒体营销。

将线上的品牌落地，是打造品牌的最后一步，这一次三人意见统一、目标一致，共同对户外新媒体营销展开了研究。

探讨

经过初步的市场调研，当前户外媒体中 LED 新媒体、楼宇新媒体、移动车载新媒体是最为常见的，于是三人决定就从这三大户外新媒体入手，设计合理的推广策略，促进公司农产品到社区的 O2O 渠道建设。

学习目标

通过学习本项目，你应该能够：

(1) 了解户外新媒体的主要形式及特征；

(2) 了解主要户外新媒体的营销应用；

(3) 能够结合产品、受众与户外媒体的特点制定合理的户外媒体广告方案。

任务一　户外 LED 媒体营销

做中学

调查了解你所住商圈 LED 广告屏的报价，并按表 6－1 所示的户外 LED 广告屏报价单填写相关信息。

表 6－1　户外 LED 广告屏报价单

广告形式	LED 显示屏
广告位置	位于××区阳光花地入口右侧
广告规格	高 7m×宽 3m＝21m^2
亮屏时间	8：00～22：00
播放次数	60 次/天
有效距离	≥150m
视野遮挡	视野开阔，无遮挡
人车流量	车流量：300～500 车次
	人流量：500～1 000 人次
上线日期	随时
广告价格	15 秒：2 万元/周
	30 秒：3 万元/周

知识链接

一、户外媒体与户外 LED 媒体①

（一）户外媒体

户外媒体通常被认为是设置在户外的媒体。随着新技术与传播方法在户外媒体的大量应用，户外媒体被定义为公共空间的一种传播介质。

户外媒体必须具备两个基本要素：一是户外媒体存在的空间问题；二是属于一种传播

① 参见百度百科“户外媒体”.

介质，也就是有其传播的特定人群。这个概念应该是更准确的户外媒体概念。只要具备这两个基本要素，就可以界定为户外媒体。比如，餐厅内、楼宇的一些新的媒体形式，均属于户外媒体范畴。

根据介质的不同，户外媒体还可以进一步分类，如平面户外铜字、铁字、有机玻璃字、实木牌匾、霓虹灯、公共空间的企业形象雕塑、LED 电子户外屏、户外 LCD 广告机、户外电子阅报栏、户外触摸 LCD 等。

（二）户外 LED 媒体

2008 年以来，随着奥运会、世博会和大运会等重大赛事的举办，许多城市意识到城市环境建设的重要性。各地政府陆续取消了帆布广告、灯箱广告的审批，同时鼓励使用户外 LED 屏。如 2008 年奥运会和 2010 年世博会期间，北京和上海共拆除传统大牌 7.7 万块，户外 LED 大屏幕媒体获得较大发展空间。

户外 LED 大屏是帆布广告、灯箱广告的理想替代产品。户外 LED 媒体分为图文显示媒体和视频显示媒体，均由 LED 矩阵块组成。图文显示媒体可与计算机同步显示汉字、英文文本和图形；视频显示媒体采用计算机进行控制，图文并茂，以实时、同步、清晰的信息传播方式播放各种信息，还可显示二维、三维动画、视频、电视节目以及现场实况（见图 6-1）。

图 6-1　户外 LED 媒体展示

二、户外 LED 媒体广告的特点[①]

（一）有助于受众认同和广告效果转化

户外 LED 新媒体很显著的一个特点就是在有效的时间内吸引目标受众的注意力。谈及户外媒体，不管是广告主还是媒体运营商，都更倾向于在户外 LED 上播放具有实力的品牌以及各行业领导品牌的广告。这种媒体因为对品牌及产品形象提升的影响度较大，加上长时间对受众加深印象，受众行为会受到广告影响，所以对于消费者购买有举足轻重的作用。

---

① 佚名．探寻户外 LED 大屏媒体背后的价值．搜狐，2016-10-26.

（二）在核心商圈中创造独特空间

户外LED媒体大多设置在城市的核心商圈，以及一些人流量大的场所。随着社会的发展和人们生活水平的提高，这些繁华商圈和功能性场所已经成为城市主流人群的主要活动场地，所以户外LED媒体因其具备稀缺、核心等特征，极具营销价值和品质。

（三）有效覆盖受众，实现高到达率

户外LED媒体屏幕面积大、画质清晰、色彩炫丽，能够带给人强烈的视觉冲击，很容易吸引观众的眼球，这有利于信息有效传递及理解，加上受众覆盖面广的特点，能够实现很高的到达率。

户外LED媒体广告效果也优于传统户外广告牌（见表6-2）。与传统户外广告牌相比，全彩LED媒体广告的动态画面视觉冲击力强，引人入胜；从播放效果看，转化率较高。因此户外LED媒体广告是企业建立知名度的较好的载体之一。

表6-2　户外LED媒体广告与户外广告牌的对比

对比因素	户外LED媒体	传统户外广告牌
广告形式	超大屏幕	平面静态媒体
到达率	CBD地标人流量大，全面覆盖三高人群，属于新颖稀缺媒体，到达率较高	覆盖率高但受众关注度低，媒体有效到达率较低
传播效度	可播放电视和广告，可随销售终端即时互动，可传达广告主实力和品牌价值	功能单一，传递信息简单，无法介绍具体产品
情感效度	视觉震撼力强，记忆深刻，品牌信任感高，购买驱动力强	单一画面视觉表现力较差，记忆不深刻，信任度较差
内容更新	电脑控制，更新灵活	15天以上
播放时间	全天候，夜晚更醒目	只在白天可视
品牌诉求转化率	高	低

资料来源：佚名．2017年我国超大LED电子屏广告市场概况及竞争格局分析．中国产业信息，2017-08-23.

三、户外LED媒体广告的局限性

（一）覆盖面小

由于位置固定不变，覆盖面不会很大，宣传区域小，因此设置户外LED媒体广告时应特别注意地点的选择。一般设立在人口密度大、流动性强的地方。机场、火车站、轮船码头南来北往的流动人口多，可以做全国性广告。

（二）内容制约

相对于传统媒体，户外LED媒体环境嘈杂，干扰因素多，不容受众深入思考，因此

更适合告知广告和信息，如企业、品牌的形象广告和图片新闻。而说服性诉求的广告需要受众进行比较和鉴别，因此更适合使用传统广告媒体，如纸质传媒。

（三）效果难以测评

由于户外广告的对象是在户外活动的人，这些人具有流动的性质，注视时间非常短，而且人们在同一时间可能接触到许多户外广告，因此其接受率很难估计。所以要取得广告效果，就要做到让人们视觉暂留，这非常重要。

【案例 6－1】

纽约时代广场上的户外 LED 广告营销

对于广告主来说，纽约时代广场一向是块兵家必争之地。其原名时报广场，位于纽约曼哈顿中城北区，因为《纽约时报》早期的总部位于此而得名。在这里，汇聚了多家极具影响力的世界知名企业，每年的人流量高达 4.5 亿人次、地铁搭乘人数超过 10 亿人，所以这里又被称为“世界的十字路口”。

时代广场联盟官方数据显示，时代广场的 LED 广告屏每天约有 150 万次曝光；近半数行人会拍摄照片；有六成被访者称在时代广场 LED 广告屏上的视线停留时间超过 5 分钟。人流密集、曝光量高、传播率高，说它是传播界的传奇真的一点儿也不为过（见图 6－2）。

图 6－2 纽约时代广场上的户外 LED 广告

资料来源：时代纳屏．纽约时代广场上的户外 LED 大屏广告营销．搜狐，2018－07－26.

案例思考：

在纽约时代广场登广告仅仅是完成了第一步，二次传播和话题持续发酵才考验品牌创始人和团队。请在网上搜寻一个时代广场户外 LED 广告的营销传播案例，假设你作为广告人，谈谈如何通过后期的整合营销、媒体关注和社群营销等进行二次传播。

四、户外 LED 媒体广告设计

实践经验证实，电视广告和平面媒体的广告不适合直接投放于户外 LED 媒体上，这主要是由媒体与受众的距离决定的。户外 LED 媒体的广告设计应有自己的设计原则，而这就要研究受众观看户外 LED 媒体的视觉中心在哪儿，他们动态的收视行为有哪些特征，偏好动态的还是静态的，通过研究确定 LED 媒体广告的屏载量，得到最优传播效果。

（一）体验性

广告的对象是动态中的行人，行人通过可视的广告形象来接受商品信息，所以户外 LED 媒体广告设计要通盘考虑距离、视角、环境三个因素。设计的第一步要根据距离、视角、环境三因素来确定广告的位置、大小。我们在设计时要根据具体环境使 LED 媒体广告外形与背景协调，产生视觉美感。形状不必强求统一，可以多样化，大小也应根据实际空间情况而定，因为广告成功的基础来自注视的接触效果。

【案例 6－2】

“汤达人”大屏现场熬汤秀

深圳街头多个黄金大屏上演大型达人现场熬汤秀，帅气的主厨将诱人的骨汤原料倒入硕大的汤锅，不间断地熬煮，仔细观察着香浓醇厚的汤底，现场顿时香气四溢。“汤达人”联合凤凰都市传媒，运用独具创意的裸眼 3D 技术，通过超高清的凤凰 LED 大屏，将一大碗香喷喷的汤完美呈现在受众面前（见图 6－3）。

图 6－3 “汤达人”现场秀

资料来源：龙禧传播机构．2017 优秀户外场景营销案例．搜狐，2018－01－19.

在体验为王的时代，这种超强感官体验形式无疑强有力地将品牌理念与产品信息巧妙地传递给消费者，利用户外场景轻松突破线上线下壁垒，近距离高效触达受众群体。

（二）设计性

在户外LED媒体广告中，图形、动画与视频最能吸引人们的注意力，所以图形、动画与视频设计在户外LED媒体广告设计中尤其重要。图形一般应放在视觉中心位置，这样能有效地抓住观者视线，引导他们进一步阅读广告文案，激发共鸣。除了图形设计以外，还要配以生动的文案设计，这样才能体现出广告的真实性、传播性、说服性和鼓动性的特点。

（三）新颖性

受众是流动着的行人，对于烦琐的画面，受众是不愿意接受的，只有出奇制胜地引起受众注意，才能吸引受众观看广告。

【案例6-3】

adidas逆境开练

博视得选择了上海IAPM广场、华狮广场、来福士以及南京西路的四个户外候车亭进行广告投放与数字化更新，让adidas清风系列跑鞋为奔跑者开启了一场冷酷仙境。

在候车亭画面的设计过程中，巧妙地运用了红外线感应技术，在候车亭广告牌的上方安装了一排红外线感应装置，可以辐射一定区域范围。当人们接近时，装置接收感应并触发屏幕上adidas的门打开，adidas代言人彭于晏以阳光的形象和笑容诚邀大家一起运动。当行人靠近候车亭广告牌时，安装的红外线感应装置还可以引起上方机械风扇的转动。这就在开门的瞬间营造了清凉的感官体验，与门外的酷暑形成鲜明的对比，巧妙地传达Climacool Bounce清风跑鞋的完美透气性能（见图6-4）。

图6-4 adidas户外LED广告

视频最后出现的二维码将线下消费者引流至线上微信平台，增加了户外创意传播的社交性，并增加了消费者对 adidas 品牌和清风系列跑鞋的认知，有利于消费者购买决策的产生。

“跑步经济”作为一种时尚，是人们的消费观念不断升级的结果，也是一种生活态度和自我意识的传达。博视得通过选址、酷炫的科技呈现这样一场生动有趣的户外秀，向跑步者有效传达了 adidas 的品牌内涵与运动精神，增加了品牌的好感度。

资料来源：龙禧传播机构．2017 优秀户外场景营销案例．搜狐，2018－01－19.

（四）简洁性

整个画面乃至表现都应尽可能简洁，设计时要独具匠心，要给观众留下充分的想象余地。观众对广告宣传的注意值与画面上信息量的多少成反比，画面形象越繁杂，给观众的感觉越紊乱；画面越单纯，观众的注意值也就越高。这正是简洁性的有效作用。

（五）计划性

成功的户外 LED 媒体广告必须同其他广告一样有严密的计划。广告设计者没有一定的目标和广告战略，广告设计便失去了指导方向。所以设计者在进行广告创意时，先要进行一番市场调查、分析、预测活动，在此基础上制定出广告的图形、语言、色彩、对象、宣传层面和营销战略。

【案例 6－4】

新技术在户外 LED 媒体中的应用

微信互动、裸眼 3D、二维码、NFC、AR、3D 打印等技术得到了越来越广泛的应用。新技术与户外 LED 媒体相结合，通过互动和视觉、嗅觉、听觉刺激受众的感官，从而延展或增强传播效果，增加媒体的趣味性、参与性和体验感。

广东南方报业新视界传媒有限公司大胆尝试并成功实现了户外 LED 与微信的互动技术应用。路人只需拿出手机，扫描屏幕上的二维码，关注新视界官方微信并发送信息，该信息随即同步出现在大屏上。

案例思考：

请搜集新技术在户外 LED 媒体中应用的案例，分析其应用的新技术及营销策略，填写在表 6－3 中。

表 6－3　　新技术在户外 LED 媒体广告中的应用

户外 LED 媒体广告名称	广告描述	新技术的应用及营销策略

随着媒体技术的进步，户外LED媒体已经实现区域乃至全国的联网播出，并能够与微博、定位服务、人脸识别等社交媒体和移动终端应用相结合。户外LED媒体正在向网络化、数字化、信息平台化的方向发展，也将迎来更大的发展空间。

拓展学习

- 现场记录一个令自己印象深刻的户外LED媒体广告，按以下要求对广告进行分析：

（1）对广告表现的内容进行描述，并记录经典的画面；

（2）分析该广告的主题、创意与表现策略；

（3）从吸引力、传播效果、创新技术三方面对广告进行评价；

（4）分析该广告的目标受众以及推广方案与营销策略；

（5）对广告做出总体评价，要求分析思路清晰、有条理。

实训演练

1. 实训内容：以小组为单位，针对通过O2O渠道向社区销售的农产品设计户外LED媒体广告方案。

2. 实训目的：能够结合产品、受众及户外LED媒体特性，通过市场调研，制定户外LED媒体广告设计方案与推广计划。

3. 基本步骤：（1）调研阶段：研究淘宝、京东、拼多多等电商平台上热销的农产品，并走访当地社区农贸市场及居民区，结合社区需求选择适销的产品，对产品进行分析并提炼产品卖点；（2）设计阶段：按照以下格式设计广告方案。

项目名称：

户外LED媒体广告实施区域：

正文部分：

1. 市场背景与挑战

（简述产品诉求与受众，当地竞争者情况。）

2. 广告目标

（确定具有可操作性的广告目标。）

3. 策略

（描述广告的投放策略：时段与地点、传播主题与形式等。）

4. 创意

（详细描述广告创意设计及表现内容。）

5. 执行

（方案的经费预算与营销推广。）

6. 小结

任务二　楼宇新媒体营销

做中学

请对你身边的企业做个小调查，了解它们是否运用了楼宇新媒体营销。若企业采用了楼宇新媒体营销，那么其传播载体是什么？传播时效是如何选择的？目标受众是哪些人群？采用了哪些传播形式？请将调查结果填入表 6－4 中。

表 6－4　楼宇新媒体营销情况调查表

楼宇新媒体营销	是□　否□
传播载体	互联网□　手机电视□　户外□　其他□
传播时效	固定时间传播□　随时随地传播□　滞后传播□　即时信息□
目标受众	“50 后”□　“60 后”□　“70 后”□　“80 后”□　“90 后”□ “00 后”□　其他□
传播形式	文字□　图片□　音频□　视频□　视频直播□ 个性化图片（GIF 动图、表情包等形式）□　其他□

结合教材中的知识链接，树立楼宇新媒体营销意识，了解楼宇新媒体营销含义，熟悉楼宇新媒体营销的特点。

知识链接

一、楼宇新媒体营销概述

（一）楼宇新媒体的发展变化

伴随着商品房、商业大厦、步行街的发展和繁荣，楼宇新媒体也不断发展起来。楼宇媒体从最开始的户外墙体广告，发展到楼宇地面广告、楼宇电梯广告。

目前，楼宇媒体主要有以下几种。

1. 楼宇户外广告

楼宇户外广告在投放效果上比传统的户外广告要好很多，比如高速公路附近的户外广告，虽然也是竖立在高速公路两侧比较醒目的位置，但是考虑到汽车驾驶人员的安全，关注度一般没有楼宇户外广告的效果好。

讨论交流：

请你分享一些你认为值得称赞的楼宇户外广告，并说明理由。

2. 楼宇地面广告

对进入某一栋大厦的目标人群而言，楼宇地面广告是非常引人注目的。光投影楼宇新媒体是一种现在比较流行的广告形式。目前在这一方面技术应用比较好的企业有光投影、北京海逸风等。因为大家行走过程中一定会关注地面，所以如果在楼宇的地面设置广告，效果也是与众不同的。

讨论交流：

请你分享一些你认为值得称赞的楼宇地面广告，并说明理由。

3. 楼宇电梯广告

现在的高楼大厦除了配备步行楼梯以外，都会配备电梯，而人们在电梯狭小的空间中会不断关注周围的环境。如果设置电梯广告，那么传达的信息就很容易被受众接收到。再结合二维码技术等，效果会更好。

讨论交流：

楼宇电梯广告应如何开展营销活动？

（二）楼宇新媒体营销的界定

楼宇新媒体营销是指利用楼宇作为载体，开展的一种营销活动。楼宇新媒体营销是基于新媒体的广泛使用和深入渗透，是 4C 理论最有效的渗透。其中包括楼宇户外超大液晶电视、电梯外的楼宇液晶电视、电梯内部的框架广告等。应用最广泛同时也最具代表性的就是楼宇液晶电视，其具有精确直达目标受众、发展迅猛、回报丰厚等特点。

楼宇液晶电视是用液晶电视机在商业楼宇播放商业广告的新型媒体形态。多将17～55英寸多功能、高清晰、智能化、超薄壁挂液晶电视，安置于消费能力较高的白领聚集的办公楼宇，以及人流量密集的中高档商厦的电梯轿厢内或电梯等候厅按钮上方，每天近100次自动循环播放高品质的商业广告、各类娱乐资讯以及社会优良道德示范等公益宣传片，效果显著。

在营销过程中，首先必须重新审视楼宇中目标消费群体、潜在消费群以及大楼住户的消费行为特征，然后才是有效地选择和利用楼宇新媒体工具。

【案例6-5】

美的楼宇电梯广告案例：包梯广告成新宠，电梯变成大冰箱

6月1日，全国大部分地区突然被夏季的炎热所笼罩，广东被红色的表情包刷屏了。

2017年夏天，美的冰箱在北京、上海、南京三个城市，把电梯变成了冰箱。坐电梯的人在视觉和触觉上，被完整地关在了冰箱里（其中几个电梯的空调还设置得特别冷），电梯内会有蓝牙音箱提醒你：“冰箱里的西兰花放了3天啦，今晚和冷冻室的虾仁一起炒了吧，虾仁解冻10分钟即可”“这个时间开冰箱你一定熬夜了，吃点猕猴桃补充维生素吧”。如果你足够好奇，根据“冰箱”里的提示拿出手机摇一摇的话，将有H5游戏可以玩。这个游戏能通过人脸识别判断你是怎样的人，并且推荐适合你的食谱。

整个体验从等电梯的时候就开始了，因为电梯门被装饰成了冰箱门，有两只充满力量的大手试图打开它。当这双手成功打开“冰箱”，几乎所有人都惊呆了。人们进电梯一般都会马上按楼层，现在却都忘了，只顾着反复扭着头环顾这个变成冰箱的电梯。除此之外，不时还有呆萌的生鲜跑来和你抢着进“冰箱”呢（见图6-5、图6-6）。

图6-5　“冰箱”门

图 6-6 电梯“冰箱”

被“软禁”在“冰箱”里的这短短几分钟，每个人至少都会有这种体验：“原来待在冰箱里是这样的。”也就是说，所有用户都和生鲜互换了身份。报道这件事的微博评论中就出现这样的留言：“真的觉得自己是食物了，待久了估计会精分。”“这是公益广告吧？要呼吁大众关心生鲜们的生活环境吗？”于是，这成了美的冰箱的用户洞察：让你意识到那些你未关心的事情是会切实影响你生活的。

资料来源：佚名．美的电梯广告案例：包梯广告成新宠，电梯变成大冰箱．艾肯家电网，2017-06-20.

案例思考：

用营销理念分析美的楼宇电梯广告成功的原因。

二、楼宇新媒体营销的特点

（一）速度快、传播广

首先，从传播途径来看，楼宇新媒体更易引起进入楼宇的人们广泛关注，满足人们对各类信息的获取需求，因此更受目标消费群体欢迎，传播速度也就更快。

其次，从表现手法上看，楼宇新媒体平台的信息发布方式比较便捷，限制较少。人们可以随时随地通过楼宇新媒体平台二维码关注、分享身边的新鲜事，自由表达自己的想法，这提高了参与活动的概率。

随着互联网技术的不断发展，新媒体的传播渠道也越来越多，而楼宇新媒体营销的传播在目标人群中通过结合其他的新媒体（微博、微信、博客、网络视频、网络社交等）不受时间和空间的限制，可以不间断地向全国各地传播信息。

（二）受众到达率高

楼宇新媒体电梯的等待时间长、空间狭小和受众反复乘坐等特点，决定了广告阅读的不可避免性和反复性，及目标客户阅读广告内容的主动性，到达率高达100%。楼宇新媒体可以很自然地强化消费者对新产品、新品牌的认同感，提升新产品、新品牌的知名度、忠诚度和联想度。

（三）成本低、费用省

新媒体采用多元化方式宣传企业品牌，使得营销成本降低。相较于过去企业投入大量资金在电视上打广告，楼宇电梯新媒体的成本低廉，一般只有电视广告的1/10，甚至1/20。

与此同时，新媒体还降低了传播的成本。传统的媒体需要花费大量资金进行推广，而在楼宇电梯新媒体平台，只要创造的内容有创意、有价值，人们就乐意进行转载分享，快速地将信息传递下去。

（四）目标精准

楼宇新媒体营销的广告投放更精准。电梯广告的受众是文化层次较高、收入较高、消费能力较强的群体。从这一点上说，中高档产品的目标消费群体正是电梯广告媒体的受众。非目标群众不用接受相关广告信息，也降低了企业的宣传费用。此外，精准投放广告，不仅可以节约成本，而且更容易锁定目标用户，极大地提高广告主的投资回报率。

（五）贴近性强

电梯媒体因其直接面对目标受众的特点，成为广告传播渗透性极佳的媒介，可以强烈地刺激消费者的购买欲望。

讨论交流：

最近一次让你印象深刻的楼宇新媒体广告是什么？请将其分享给同学们，说说这个广告吸引你分享的理由。

三、楼宇新媒体营销的技巧

（一）有效把握目标受众，减少媒体资源浪费，提升营销效果

市场调研发现，楼宇新媒体的目标受众年龄主要集中在20～50岁之间，以中高收入、中高学历人士为主，这些目标群体在社会中的号召力较强，可以起到很好的意见领袖作用，在楼宇新媒体营销的过程中，具有对社会大众的感召力和影响力，可以以一带十，甚至以一带百，是时尚社会最新潮流的引领者或者追逐者，对于新鲜事物和新鲜创意有着极大的认同感。因此开展楼宇新媒体营销一定要选择好目标受众。

（二）合理的文案创作和精心的视频编辑

楼宇新媒体营销过程中，一定要利用好文案。通过文案可以精确找到目标受众，提升自己的营销效率。同时在将文案转化为视频时，要借助最新的3D技术、VR（虚拟现实）技术等，让楼宇新媒体营销的广告在传播的过程中更加有吸引力，吸引更多人的眼球。

（三）科学把握广告投放周期，选择最佳投放策略

科学地选择楼宇新媒体广告的投放时长、周期，可以提升楼宇新媒体营销的传播效率。目前来说，根据播放时长可以将楼宇新媒体广告分为5秒、15秒以及30秒三种形式，不同时长的楼宇广告有不同的投放策略，如表6-5所示。

表6-5　投放策略

时长（秒）	具体投放策略
5	适合投放最新商务促销广告资讯，广告播放频率高，有利于促销广告效率的提升，增加实际的购买力
15	适合目标产品推广，能激发更多的潜在目标消费者，激活其对目标产品的回忆与定义，起到品牌提醒的作用
30	适合企业品牌形象推广，可以将品牌呈现得更加全面、完整、清晰，将品牌植入目标消费者心中，从而提升该品牌美誉度

讨论交流：

假如你是某品牌服装公司的营销主管，公司在本市某商业大厦中有实体连锁店铺。目前在该商业大厦中有多处楼宇新媒体在招商，你想让大家在8月18日这天去参加店铺的大促销活动，你应该如何选择楼宇新媒体广告投放策略？说说你的理由。

拓展学习

● 通过百度搜索关键字“楼宇电梯新媒体营销技巧”，填写表 6－6。

表 6－6　楼宇电梯新媒体营销技巧

营销技巧	简介
选址	
播放次数	
互动性	
创意	
文案	
动态效果	
二维码引导	
目标人群定位	
其他	

● 小组讨论：表 6－6 所示的楼宇电梯新媒体营销技巧中，你认为最重要的是什么？你觉得这些技巧对你进行楼宇新媒体营销工作有什么作用？

实训演练

1. 实训内容：为某产品制定楼宇电梯新媒体营销方案。

2. 实训目的：培养楼宇新媒体营销的意识，以及分析、解决问题的能力。

3. 基本步骤：(1) 关注和了解某企业品牌产品的营销环境、目标人群、楼宇新媒体推广途径，并进行分析；(2) 选择合适的楼宇新媒体营销载体形式，并分析原因；(3) 口头阐述方案的可行性。

任务三 移动车载新媒体营销

做中学

结合实际和字面理解对移动车载新媒体营销进行分析，和同学交流你的所得，列举相关实例以加强理解。

知识链接

一、移动车载新媒体营销的含义

移动车载新媒体是指利用数字广播地面传输技术播出信息，以满足流动人群的视听需求为主的新型媒体，又被称为“交通媒体”。如公交移动电视是可在移动状态中收看的数字电视，媒体内容通过数字技术进行压缩、编码、传输、存储、实时发送、广播。交通媒体是全新概念的信息型移动户外数字电视传媒，是传统媒体的延伸，通过无线发射、地面接收、GPS信号传输等方法进行传播，在任何安装了接收装置的公交车、轨道交通、飞机、出租车、私家车等移动载体中均可收看到清晰的画面。

小知识：

公交车与移动车载电视广告

公交车体广告：

(1) 优点：受众面广和影响力大，主要针对整个道路群体进行宣传；维护成本低。

(2) 缺点：更新慢，一般三个月更新一次，而且费用较高。

移动车载电视广告：

(1) 优点：灵活性、实用性高，更新快；可以用视频的方式播放广告，给受众群体以视觉和听觉的冲击，加深印象；价格也相对便宜。

(2) 缺点：受众面窄，影响力有限，主要是对车内的乘客进行宣传；维护比较麻烦，要经常更新内容，还要保障移动电视正常运作。

目前这两种广告方式都是公交广告的主要广告方式。车体广告受载体限制，只能发布平面广告，每次发布一般为一个客户；移动车载广告既可发布平面广告，也可发布影音广告，可循环播放，并可以为多个客户同时发布。

二、移动车载新媒体营销的特点

（一）封闭空间提高广告收视效果

相对于其他的户外媒体形式，车载电视广告（见图 6－7）以更为主动的方式出现在人们的视野之中，在传播方式上最为积极、有强制性。从人的注意力角度讲，在枯燥的乘车过程中，视线唯一可以停留并且值得停留的地方，只有这样一个电视广告节目了。从心理角度讲，此时人们会全神贯注地看节目，所以更加容易使广告达到好的效果。这样的广告有种强制性，“强迫”人们在潜意识中接受广告内容的宣传。车载电视广告是高度渗透的媒体形式，车内近距离的接触，使受众群体能完整接收产品的详细信息，仔细阅读，从而使广告在短时间内高度渗透、高度植入。

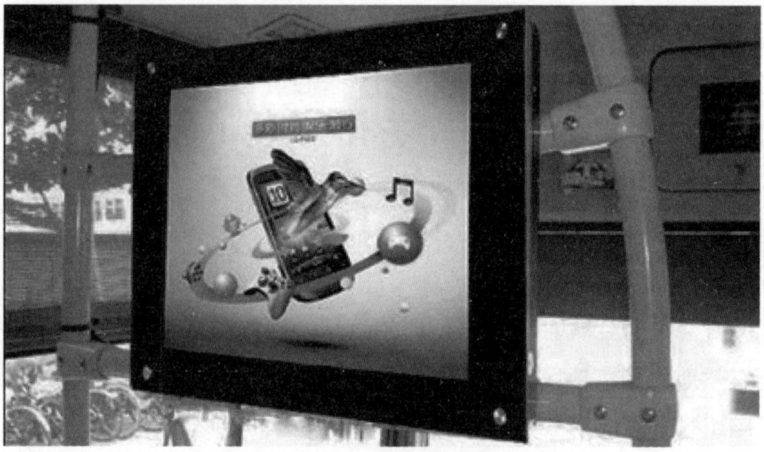

图 6－7　车载电视广告

【案例 6－6】

截至 2016 年 7 月，我国已经有 70 个城市陆续开始在公交车上播放移动电视。从增长幅度看，截至 2014 年年底全国移动电视终端屏幕已经超过 40 万块，较 2012 年年底增幅近一倍。绝大部分城市移动电视的覆盖率都超过了 95％，平均覆盖率超过 91％。近年来，交通媒体的覆盖率增长较快。

据统计数据，全国公交日均运送乘客达 2.2 亿人，他们有着固定的乘车路线、一定长度的乘车时间与乘车频率。同时，公交 Wi-Fi 的覆盖率增加，新媒体的广受青睐，对数字交通新媒体特别是移动电视的发展产生巨大的推动作用。

资料来源：姚怡云．“低头+抬头”，跨屏传播的模式创新——论公交移动电视的社交化发展．人民网，2017-01-10.

案例思考：

从目前移动车载新媒体的发展情况来看，你认为传统媒体会被取代吗？

（二）投入成本低，广告效果立竿见影

电视广告投入成本高，广告效果不明显。因为在电视节目中间插播广告会使观众反感，容易使观众换台。车载电视媒体之所以在广告宣传行业中脱颖而出，是因为其得到更多群众的注意，广告效应更加突出、更加深入人心。可以说，车载电视广告是商家、企业进行产品、服务宣传的利器。

（三）以更合理有效的展示方式传播广告信息

车载电视处于人们视线的最佳范围，近距离接触消费者，使其强制性接受广告信息，从根本上提高了广告的宣传效应，接受度高达90%以上，这是其他媒体广告所不能做到的。在枯燥的车厢中，这样的电视广告给人们带来心情上的放松，避免了电视广告使人心情烦躁的情况出现。这一点确保了广告的实际到达率。由于车身移动的特点，在车的行进过程中也带来人流量的增加，使广告传播的范围更广。

（四）适合各类产品活动发布，发布形式多样

车载电视广告几乎适合所有行业发布广告信息。广告画面连续、冲击力大，广告影响持续不断，能有效地向特定地区和特定人群进行定向广告宣传。根据客户需要可量身定制投放时间和线路组合，发布形式快捷多样。

（五）与消费者的关系紧密

有调查显示，52%的人认为广告是生活中必不可少的，但是在看电视碰到插播广告时，68%的消费者会换台，这样就浪费了广告主大量的广告费。车载电视媒体循环播放不可换台，封闭空间强制收看，可达到广告投放的效果。

（六）播放稳定、更新快捷

公司拥有专业的维护更新团队，确保电视广告内容按时更新和稳定播出，定期对屏幕进行保养清洁，提高电视画面播放质量。车辆运行期间车载电视不间断滚动播出，保证电

视广告效果。

讨论交流：

选择一个日常生活中常见的移动车载新媒体营销案例并对其进行分析，指出其特点。

三、移动车载新媒体营销技巧

（一）营销产品和载体相适应

在进行移动车载新媒体营销时，要注意按照不同的交通车载工具属性，选取相适宜的产品，有针对性地进行营销，避免适得其反。比如售房媒体信息的投放一般在公交车和地铁上，因为公交车、地铁上客流量大且容易受消费群体的关注；在面向目标相对较为明确的短途高铁上适合投放旅游景点、特产等的营销信息。总而言之，在投放时要秉承因地适宜、因物适宜的原则。

讨论交流：

思考现实生活中有哪些营销产品和载体不相符的案例，并为这些产品寻找你认为合适的营销载体。

（二）按照不同地域和人群特性营销

一方水土养育一方人，造就不同的人情世故，形成不同的风俗习惯和风土人情，为此我们在采用移动车载新媒体营销时也要注意按照不同地域和人群特性制作和投放营销内容，相同的产品在不同的地域采用不同的营销方式。

（三）注意客户群体和市场的精准定位分析

我们在使用多媒体营销时应注意：采用的营销内容要和社会背景、价值观及产品紧密地联系起来，为产品和消费群体找到一个情感的连接点，并且以此为原点开展营销活动。注意紧随社会步伐和情感共鸣的同时，要精确定位客户群体，对客户市场进行细化，按需投放营销广告和内容，按照不同细分市场采取分点、分时营销。

（四）注意内容情景合理搭配营销

移动车载新媒体营销应注意内容制作的营销点要创意精良，简洁美化，去除冗余。

（五）注意内容投放的频率和时间

使用移动车载新媒体进行营销时，由于采取的是重复滚动播放的方式，所以要注意控制内容播放的频次，计算播放的时间间隔，要确保消费者在对信息内容完全接受的同时不对营销内容产生厌倦的情绪。这要求事先做好统计调查，科学合理营销。

【案例 6－7】

2018 年 1 月 12 日，由中国传媒大学“交通广告研究中心”与上海碧虎网络科技有限公司共同主办的碧虎车载移动新媒体研讨会在中国传媒大学广告博物馆举行。此次研讨会的嘉宾包括中国传媒大学广告学院资深教授、首都传媒经济研究基地首席专家黄升民、中国广告协会副秘书长王恪、碧虎科技创始人王剑峰，及来自高铁广告、航空广告和地铁广告的多位业界、学界专家。会议过程中，中国传媒大学广告学院与上海碧虎网络科技有限公司签订了战略合作协议。

会议由首都传媒经济研究基地秘书长王昕博士主持，中国传媒大学广告学院资深教授黄升民致开场辞。黄教授认为，新媒体技术的创新与应用是广告行业发展的原动力，在这一背景下，碧虎科技所带来的移动交通广告新技术值得学界、业界共同探讨。交通广告研究中心作为科研平台和传播载体，非常期待与碧虎等新媒体技术企业建立深入持续的合作关系，共同服务于交通广告行业的健康发展。

中国广告协会副秘书长王恪对于此次合作表示祝贺，他引用十九大报告中提出的“创新是引领发展的第一动力”，认为本次研讨会对于促进交通广告的进一步规范、户外广告的科学发展起到了积极的推动作用。随着全国经济转型升级步伐的加快，特别是北京、深圳等一线城市发展速度的加快，创新科技元素的融入，将为交通广告的发展提供新动能和新机遇。中国广告协会作为行业协会，乐于见到双方在广告创新方面强强联手，贡献有社会价值的创新理论和实践成果。期待双方合作能够召集于今日，显现于未来。

碧虎科技创始人王剑峰先生在发言中全面展示了碧虎科技的技术优势和市场应用现状。他介绍说：上海碧虎网络科技有限公司成立于 2015 年 4 月，一直致力于汽车物联网服务的研究与商业化，通过云计算和专利软硬件产品建立人车互联网生态体系。其全球首创的智能在线车载移动户外广告新媒体——聚骄车屏，将云计算、超短焦微投技术和营运车辆 LBS 定位完美结合，形成全新的车载移动智能在线户外媒体，大大提升了出租车后窗屏的展示价值并赋予车屏实时在线、数字化投放等属性。

碧虎科技的创新不仅是户外媒体的技术创新，更是产品创新和应用创新，碧虎志在通过智能识别和云计算、物联网技术建立车与人、车与车、车与大屏之间的交互联动，打造移动车载新媒体生态体系，实现基于营运车辆的独特出行场景应用。

中国铁路广告协会秘书长陆永革先生基于多年的铁路广告从业经验提出，本次研讨会上展示的车载新媒体技术是一种具有颠覆特征的媒体形式，在当前的商圈应用中具有较高的实践性，具有较高的线下需求转化和流量引导能力。当前在技术的发展中，各类交通媒体的发展都在经历翻天覆地的变化，但是技术发展的同时要注意政治安全，传播商业信息的同时应注意构建公共安全的防范壁垒，确保未来新技术在不同交通场景中的延伸应用。

航美传媒集团有限公司的李学优女士和北京地下铁道通成广告有限公司的张玉静女士、何京女士分别从各自的角度分享了新媒体技术在航空广告和地铁广告中应用的现状和前景，其中特别强调了新技术在解决当前“广告上下刊”“广告效果测量”和“人流密集区域公共安全管理”等行业“痛点”中应当发挥的显著价值，同时也强调了新技术应用中应当着力防范可能出现的安全隐患，最大限度地发挥技术的积极作用。

来自中国传媒大学的专家也从不同专业视角分享了各自见解。移动互联及社会化媒体中心的宋凯副研究员就碧虎科技未来的发展提出了建议：碧虎科技的技术应用应注重受众需求，除出租车后车屏之外，未来还可以考虑针对受众设计相关的 App，增加娱乐互动性。同时可以进一步发挥大数据资源优势，充分利用数据资源，与相关院校开展数据可视化制作方面的深入合作。

广告学院王薇副教授建议碧虎科技考虑如何利用当下的创新优势，保持技术的优先性，实现扩大发展。在出租车等公共交通领域，一方面广告内容开发要考虑传播的娱乐性；另一方面，由于中国地域辽阔，新技术在不同城市落地的过程中，还应当全面考虑消费能力、文化氛围和政府规制等地域性特质。

邵华冬副教授从广告主和危机公关的角度分享了自己的看法：广告主的移动互联网的发展，要求品效合一。对于广告主来说，媒体迭代很快，海量化的媒体选择，使得消费者的忠诚度较低，因此碧虎科技应用新技术进行的商圈广告传播有利于广告主的效果转换。同时，在当下社会中，公关的保驾护航对公司的发展是不可缺少的。成熟的危机公关和企业营销之间的结合是非常紧密的，公共关系和媒体形象对于碧虎企业的长远发展是不可缺少的。

赵新利副教授认为，作为科技背景下的广告公司，碧虎科技对于交通广告的发展具有历史性的意义，其广告技术、历史发展都可以和高校合作，积累更多的资源。同时他提出，新媒体技术公司应当注意相关的应急预警问题。树立公司的社会责任对于政府部门具有一定的贡献，在暴雨、地震时进行危机预警。

马涛博士提出，交通新媒体的广告表现形式需要精细化，未来可以适当效仿地铁广告，强调广告创意，具有一定的引爆点。广告在传播时能够激发受众主动再传播的兴趣和热情，实现广告效果从线下到线上的多次传播。

最后，中国传媒大学广告学院资深教授黄升民在总结发言中提出：本次研讨会作为交通媒体广告研究中心 2018 年的第一场研讨会，意义重大。碧虎科技的创新是户外媒体特别是交通类广告媒体的创新，不仅对户外展示形式进行重新定义，而且云计算技术的创新应用使碧虎有别于其他企业，实现基于互联网的更加智能化的人车互联，并对人的空间重新定位。碧虎科技要积极与其他交通出行媒体打通，成为交通出行媒体生态链的一部分。

资料来源：首都传媒经济研究基地．“交通广告研究中心”召开“2018 年车载移动新媒体研讨会”．搜狐，2018 - 01 - 14.

实训演练

1. 实训内容：为某产品制定移动车载新媒体营销推广方案。
2. 实训目的：培养自我学习、解决问题的能力，掌握移动车载新媒体营销的技巧。
3. 基本步骤：（1）熟悉某产品的特点；（2）撰写移动车载新媒体营销推广方案。

参考文献

[1] 付珍鸿．网络营销．北京：电子工业出版社，2017.

[2] 唐乘花．数字新媒体营销教程．北京：清华大学出版社，2016.

[3] 肖凭，文艳霞．新媒体营销．北京：北京大学出版社，2014.

[4] 杜一凡．新媒体营销完全攻略．北京：人民邮电出版社，2017.

[5] 张向南，勾俊伟．媒体运营实战技能．北京：人民邮电出版社，2017.

[6] 秋叶，刘勇．新媒体营销概论．北京：人民邮电出版社，2017.

[7] 冯英健．网络营销基础与实践．5 版．北京：清华大学出版社，2016.

[8] 华红兵．移动营销管理．广州：广东经济出版社，2017.

[9] 王易．微信营销与运营：策略、方法、技巧与实践．北京：机械工业出版社，2013.

[10] 刘珂．玩转公众号：微信公众平台的商业运营之道．北京：中华工商联合出版社，2016.

[11] 江天．互联网营销实战宝典．北京：清华大学出版社，2018.

[12] 黑马程序员．新媒体营销教程．北京：人民邮电出版社，2017.

[13] 张卫民．电子商务创业实战教程．北京：高等教育出版社，2015.

[14] 谭贤．新媒体运营从入门到精通．北京：人民邮电出版社，2017.

[15] 苏高．移动端网络营销推广实战从入门到精通．北京：人民邮电出版社，2017.

[16] 郑俊雅．网络营销 168 招．北京：电子工业出版社，2017.

[17] 谢松杰．网站说服力：营销型网站策划．2 版．北京：电子工业出版社，2017.

[18] 黎长鑫．网站营销全攻略．北京：北京理工大学出版社，2015.

[19] 张建凤．移动互联网 App 营销三模式．现代营销，2012.

[20] 戴磊．App 营销的两大模式．广告主，2012.

[21] 聂雅兰．移动互联网时代 App 营销．东方企业文化，2013.

[22] 冯怡．互联网时代我国数字电视广告创新路径研究．杭州：浙江工业大学，2017.

[23] 江杰．媒介融合环境下的数字电视营销策略研究．重庆：重庆大学，2008.

[24] 赵子忠．有线数字电视广告的主要趋势．中国数字电视，2012（4）.

[25] 杨经金．浅析新媒体环境下我国数字电视产业的发展．科技资讯，2013（5）．

[26] 李建华．“玩”全二维码营销．北京：电子工业出版社，2016.

[27] 海天理财．一本书读懂二维码营销．北京：清华大学出版社，2015.

[28] 苏高．二维码的秘密．北京：清华大学出版社，2014.

[29] 康路晨．一本书读懂互联网营销推广．北京：民主与建设出版社，2015.

[30] 安杰．一本书读懂 24 种互联网思维．北京：台海出版社，2015.

[31] 杨雪雁．电子商务概论．北京：北京大学出版社，2010.

[32] 中公教育优就业研究院．网络营销实战派·零基础学 SEO/SEM. 北京：世界图书出版有限公司，2017.

教育部中等职业教育
专业技能课立项教材 **新媒体营销**

中等职业教育实战型规划教材

网店装修
电子商务基础
电子商务实训
网络营销实务
商品拍摄与图片处理
网店客服
电子商务网页设计
电子商务基础
电子商务技能实训
网店运营
B2B网络交易实务
移动电子商务
新媒体营销

内容简介

本教材全面介绍了新媒体营销的相关内容，包括新媒体营销概述、网络新媒体营销、社会化媒体营销、手机新媒体营销、数字电视新媒体营销和户外新媒体营销，适合作为职业院校市场营销和电子商务等专业学生的教材和社会人员的培训用书。

策划编辑：李　剑
责任编辑：郑　铮　史乐乐
封面设计：李尘工作室

在线答疑

ISBN 978-7-300-26820-0
9 787300 268200
定价：29.00元